千古奇案系列

梦回大汉
看奇案

姜正成◎著

吉林出版集团股份有限公司

图书在版编目（CIP）数据

梦回大汉看奇案／姜正成著. —长春：吉林出版
集团股份有限公司, 2018.7
ISBN 978－7－5581－5541－3

Ⅰ.①梦… Ⅱ.①姜… Ⅲ.①中国历史—汉代—通俗
读物 Ⅳ.①K234.09

中国版本图书馆 CIP 数据核字（2018）第 149780 号

梦回大汉看奇案

著　　者	姜正成	
责任编辑	王　平　史俊南	
开　　本	710mm×1000mm　1/16	
字　　数	200 千字	
印　　张	14.75	
版　　次	2018 年 7 月第 1 版	
印　　次	2018 年 7 月第 1 次印刷	
出　　版	吉林出版集团股份有限公司	
电　　话	总编办:010－63109269	
	发行部:010－67208886	
印　　刷	北京市通州大中印刷厂	

ISBN 978－7－5581－5541－3　　　　　　　　　　定价:49.80 元

前　言

　　几千年来，中国老百姓从来就不相信法律条文，只敬畏执掌法令的人——大大小小的官吏（特别是专制帝王），把政治清明的希望寄托在青天大老爷的身上，之所以会出现这种"本末倒置"的现象，是因为中国古代是一个皇权至上的社会，在皇权国家体制下，强大的国家机器对人民长期实行残酷的统治，皇权凌驾于一切法律之上，主宰着一切，正所谓"普天之下，莫非王土；率土之滨，莫非王臣"，惟一的、至高无上的皇权牢牢地束缚着人民的思想。所以，在历史的天平上，一位专制帝王的重量要远远超过亿万子民。

　　本书讲述了汉朝史上扑朔迷离的历史疑点，从许多不为人知的细节当中捕捉一个个鲜活而富有个性的历史人物，生动地勾勒历史的场景，颠覆了我们对汉朝符号化和概念化的认知，让这段模糊而又遥远的历史在我们眼前逐渐清晰起来。本书依据正史、野史和民间传说等原始素材，查阅了汗牛充栋的资料，重现了汉朝皇宫鲜为人知的明争暗斗，对于变

幻莫测的帝王的感情，复杂多样的宫闱故事都有细致的画描写，有助于读者从一个侧面了解汉朝的历史面貌。

西汉王朝直到汉元帝之前，一直奉行"黄老之学"，汉武帝之后变成了全面尊儒。当然，此时的儒家已经经过改造，它全面总结了封建时代的统治经验，因而比其他思想流派更能适应统治阶级的需要，从而被定为正统的统治思想，这一确定对中国历史有着深远的影响。

汉武帝是一个雄才大略的封建君主，也是我国历史上一位杰出的政治家。他建立的强大的汉帝国和实行的许多政策、措施，对于以后历史的发展都有巨大的影响。直至昭、宣之世，西汉帝国政权如日中天，照射着中国乃至中亚、西亚等地。

西汉的政权从汉成帝时起，开始走上崩溃的道路，迄于哀、平时期，乱局已不可收拾。权臣王莽进行政治改良，终于导致王莽篡位、西汉灭亡。刘秀以家族地主为基础，重新建立了东汉政权。然而，这个王朝的全盛时代并不长久。

汉和帝一死，这个政权便加速了腐朽的过程，随着一代接一代的小皇帝和母后称制，很快就因外戚与宦官的轮流专权祸国而日趋衰微。西汉、东汉从公元前 206 年延续到公元 220 年，共存在 427 年，是中国历史上历时最长的封建王朝。

纵观中国封建社会历史，为什么会有那么多人不惜一切代价去投机钻营，买官卖官？原因只有一个：在皇权社会里，权力既是地位，又是利益和荣誉；与权力相伴，既有无上的荣耀，也有无比的风险。或许，正因为如此，对许多人都是一种难以抗拒的魔力和诱惑，历史上的重重谜案，一切都围绕着权力的交替而产生。

上篇 谜团重重的名人轶事

　　两汉时期开疆拓土，国力强盛，人口众多。这一时期的帝王将相，皇亲国戚留下了众多疑案。这些人为华夏民族两千年的社会发展奠定了基础，为中华文明的延续和挺立千秋做出了巨大贡献，同时也存在着巨大的争议。

西汉名将韩信：陷入阴谋被杀之谜

韩信有几种命运的可能 …………………………… 002

韩信死亡之谜 …………………………………… 007

"韩信现象"解读 ………………………………… 013

韩信遭遇双重莫须有 …………………………… 018

刘邦封死了韩信的反叛之路？ ………………… 024

东汉宦官蔡伦：发明家服毒自尽质疑

东汉宦官蔡伦干政 ……………………………… 030

蔡伦的另一面？ ………………………………… 033

卷入宫廷斗争漩涡之谜 ………………………… 036

蔡伦为何在光环背后不得善终？ ……………… 042

汉武大帝刘彻：立子杀母秘闻

汉武帝为什么要"立子杀母"？ ………………… 046

细说汉室母后与帝王秘闻 ……………………… 050

立子杀母是怎么回事？ ………………………… 054

"立子杀母"是汉武帝晚年的立储原则？ ························· 059

汉武帝"金屋藏娇"秘闻 ······································· 063

刘邦身世之谜：汉朝私生子谜案

刘邦出生谜团 ··· 068

从《史记》看刘邦身世 ······································· 073

豪杰原本是 "无赖"？ ······································· 076

刘邦是私生子吗？ ··· 081

下篇 令人窒息的皇室风波

两汉王朝有"文景之治"、"汉武盛世"、"昭宣中兴"、"光武中兴"、"明章之治"。这些盛世让汉朝走向了辉煌，然而，在这之中为了争夺皇权，为了自身的利益，外戚宦官使尽浑身解数左右朝政，在正史上他们名气不佳，但不可否认，他们都是世之枭雄。

汉宫之争：吕后与戚夫人的争风风波

正宫吕氏太子之争秘闻 ······································· 086

吕后的手腕 ··· 092

吕后为何厚待薄姬？ ·· 097

刀光剑影的长安皇宫 ·· 102

死为鬼雄：西楚霸王项羽之谜

项羽迷路之谜 ··· 108

乌江亭长为何能料事如神? ……………………… 111

项羽活命之谜 ………………………………… 116

项羽藏宝图秘闻 ……………………………… 121

项羽坑杀秦军之谜 …………………………… 125

暗度陈仓：王莽篡夺政权之谜

王莽杀子邀清名之谜 ………………………… 130

王莽复古的谜团 ……………………………… 137

王莽篡位的三块垫脚石 ……………………… 143

王莽是唯一民选皇帝? ……………………… 149

巫蛊之祸：王室成员的恐慌

巫蛊之谜 ……………………………………… 153

巫蛊与钩弋夫人之死 ………………………… 161

卫子夫母子惨死巫蛊之谜 …………………… 166

汉宣帝痛失爱姬秘闻 ………………………… 170

汉武帝引发了巫蛊之祸? …………………… 175

酒色蚀骨：赵飞燕掌控后宫之谜

皇后赵飞燕的身世之谜 ……………………… 181

赵氏姐妹靠美媚专宠后宫秘闻 ……………… 186

赵飞燕情夫之谜 ……………………………… 192

赵飞燕的后宫心计 …………………………… 196

赵飞燕的汉宫韵事 …………………………… 202

附 录

汉朝夜郎古国的迷失 ·· 210

司马迁受宫刑之谜 ·· 215

马王堆古尸之谜 ·· 219

后 记 ·· 227

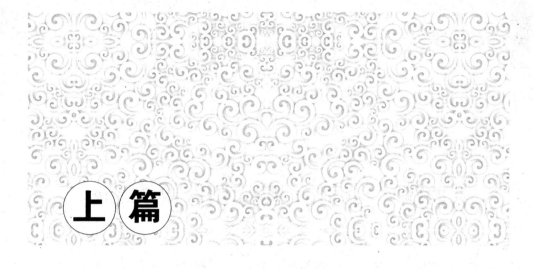

上 篇

谜团重重的名人轶事

两汉时期开疆拓土,国力强盛,人口众多。这一时期的帝王将相、皇亲国戚留下了众多的疑案。这些人为两千多年的中国封建社会的发展奠定了基础,为中华文明的延续和挺立千秋做出了巨大贡献,同时也存在着巨大的争议。

西汉名将韩信：陷入阴谋被杀之谜

　　韩信是西汉第一开国功臣，可以说汉朝的江山是刘邦借韩信之才打下来的，但他又是西汉第一个被杀的功臣。韩信之死使我们想起耳熟能详的成语：兔死狗烹、鸟尽弓藏。韩信之死是因为功高盖主吗？韩信一生贯穿着一个大谜团，韩信究竟是为什么被杀的？

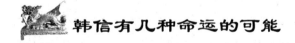

　　楚汉战争中出了两个悲剧人物，第一个就是项羽，另外一人则非韩信莫属。项羽就不多谈了，千余年来一直都是大家茶余饭后竞相讨论的

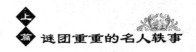

人物，而韩信则可以套用一句成语，是"成也楚汉，败也楚汉"。

韩信是楚汉战争中涌现出来的大军事家，他在楚汉之战中所起的作用是相当重要的，在刘邦被项羽阻隔在荥阳、成皋之时，曾一度龟缩在关内，无法东进，最终转战于宛、叶一带。而项羽也被刘邦挡在关外，进也不是退也不是，后方还经常受到彭越的骚扰，可以说是焦头烂额。而此时韩信如何？由于刘邦在荥阳、成皋争夺战初期失利，于是命韩信北上攻取黄河以北的赵、燕之地，想从北方实行对项羽的战略包围，以解荥阳、成皋战场的失利。结果是韩信在精兵被刘邦强行抽调，去补充荥阳、成皋战场损失的前提下，一举攻占北方的魏、赵、代、燕、齐，此时整个中国黄河以北尽在韩信的掌握之下。天下已形成三强鼎立的局面，韩信的作用已经达到至关天下归属的地步，如助汉则楚亡，如背汉助楚，则汉也无可奈何。

韩信的力量在平定齐国、歼灭楚国精锐——龙且军团之后，达到了最颠峰，这可以从楚汉垓下之战看出。当时楚汉盟约以鸿沟为界，中分天下，鸿沟以西归汉，以东归楚，楚国归还刘邦的父亲和妻子。然而项羽在归还刘邦的父亲和妻子吕雉之后率兵东归，刘邦却撕毁协约，率二十万大军随后追击楚军，当时楚军尚有十万，而刘邦依然无法取胜，无奈割地、许愿，急招韩信和彭越合击项羽，于是韩信率三十万精锐截断楚军归路，彻底将楚军包围在垓下，并最终以"四面楚歌"动摇项羽军心，逼迫项羽乌江自刎。

最后的垓下之战，刘邦的部队是二十万、项羽由于分兵援齐，使得楚军兵力仅剩十万，而拥有整个黄河以北地区的韩信则有三十万部队，

明显可以看出韩信的力量足可撼动整个楚汉战争的格局。然而韩信为什么没有估计到自己举足轻重的分量呢？

中国有句古话："受人滴水之恩，当以涌泉相报"，韩信就是受了这种思想的影响，认为刘邦对自己有知遇之恩，使韩信一直认不清形势，即便刘邦在荥阳、成皋失利后剥夺了韩信的精兵，以及楚国龙且军团被全歼后，项羽不断拉拢他，谋士蒯通以利害晓知，仍未能说服他背汉自立。蒯通的两次劝说虽然最终没有使韩信自立，但却动摇了韩信的立场。

韩信是汉朝立国的大功臣，但是汉灭楚后立即被剥夺军权并一直受到刘邦的猜忌。可是韩信一直未能背叛刘邦，直至被吕后秘密杀害。纵观韩信一生，有王侯之才，却被愚忠思想所困，没有认清时局，如能在楚汉后期应项羽之邀自立为王，三分天下，则进可以夺天下、退可以自保为王。如韩信自立，抑强扶弱，则在三分天下后可以自保，同时以韩信的才能，辖黄河以北的人力、物力灭掉楚汉也不是不可能的事。

一代天才军事家、战略家，完全可以创立一番基业，却未能勘破时势，实在是可惜之至！"韩信点兵，多多益善"，这是对于韩信卓越军事才能的写照！韩信用兵如神，对于刘邦击败项羽、统一中国起到了至关重要的作用。

韩信本是一介布衣，曾乞食于漂母，受过市井无赖的胯下之辱。最初跟随项梁，后跟随项羽，多次献策给项羽，项羽都不用，韩信不能施展才智。后被张良慧眼识才，写信推荐给刘邦。韩信经过长途跋涉到了汉营，想凭自己的能力受到刘邦的重用，所以没有出示那封推荐信。后来萧何看中了韩信的表现，极力推荐给刘邦。刘邦当时并不识人才，觉得一月连升三级，对韩信已经够意思了，所以并未重视萧何的推荐。可能以为是萧何有什么私心！韩信这次真的"寒心"了，随即把张良的书信送到萧何府上，自己催马而走，准备回老家去。萧何回到府上，看到张良的书信才明白过来，韩信乃当世大贤！于是就有了"萧何月下追韩信"的典故！追到韩信，萧何马上拉他去见刘邦，把张良的推荐信给了刘邦。刘邦当时只听张良的，看到信，马上拍板，准备授予韩信兵马大元帅，并择吉日进行封帅大礼。

自此以后，韩信开始了他半生传奇的军事生涯。首先明修栈道，暗度陈仓，智下三秦击败章邯，随后率偏师击败赵国和魏国，后攻占了整个齐国，击败名将龙且的二十万楚国援军。一连串的胜利使韩信认为他现在是刘邦的第一功臣，所以他把还在广武与项羽对峙的主公刘邦抛在一边，自称齐王！韩信称王的消息传来，刘邦当时暴跳如雷，大骂韩信，准备发兵征伐，却被张良制止。张良怕刘邦把矛盾激化，可能会逼反韩信，所以建议刘邦强忍，差人打造齐王的印绶送给韩信。

韩信此时还在得意洋洋地等待刘邦的加封，此时来了项羽的使者武涉来做说客，说将军从前面看仪表堂堂，可背后看却有"帝王"之象！可是，韩信至此根本没有考虑过称帝，他以前只是想当将军，所以怕有人听见，匆匆送走项羽的使者武涉。随后韩信的谋士彭彻也分析当时的局势，力荐韩信自立，与项羽、刘邦并立！

那时，天下之权在韩信，韩信向汉则汉兴，向楚则楚兴。若此时韩信放手一搏，会有什么结果呢？

结果一、以韩信在齐国的实力，可以暂时按兵不动，坐山观虎斗。

项羽和刘邦在广武相持不下，不但双方的力量都在削减，而且两家还都不能分偏师脱身出来讨伐韩信，韩信首先占尽战略优势！韩信此时若招降赵魏之地，则为上上之策！赵、魏虽然被韩信大军攻下，但是守将不一定追随韩信自立，韩信须先征服赵魏，后接纳燕国的降表，合齐、赵、魏、燕四国之力，则三分天下有其二！以韩信的军事才能和谋士彭彻的辅助，在项羽和刘邦在广武相持时拿下赵、魏两国应该易如反掌！攻下赵、魏，合四国之力，则天下态势已经基本明朗化了，楚、汉、齐三家，以韩信独大。韩信随时可以消灭掉楚汉这两股势力，统一中国！那么历史将会被彻底改写！

结果二、韩信要自立，须以手段使原来的汉将、汉兵追随自己，其间可能会有叛逃或内讧的，所以须请贤人来整治自立的初始局面。张良此时会建议刘邦，立即发征贼榜文给赵、魏两地，尽量派出小部队去控制赵、魏两地。提议与项羽休战，重新以鸿沟为界订立盟约。后派主力征讨韩信的齐国。项羽此时巴不得坐山观虎斗，楚军可以暂时得以休整，等待战机。若如此，则天下暂时三分，态势难料也！如果韩信内部不出问题，以其军事才能可能会击败刘邦。

结果三、韩信自立后，刘邦派兵来攻。此时彭彻可能会进言，与项羽密约，同时进攻汉地，所得土地两家平分。以项羽派武涉来游说韩信的情况看，不但可以看到项羽想分化刘邦和韩信的意图，而且可以和韩信暂时修好。项羽若同意，则刘邦的土地可能会大大丧失，能保住函谷关据汉中、三秦之地已经很不错了，刘邦有可能会提前出局！此结果还是天下三分！

结果四、很简单，韩信自立后，部队内讧，张良派人趁乱刺杀韩信！

但是无论是哪个结果，也比兔死狗烹的结局好！最后一次机会是项羽乌江自刎后，受封楚王，暗收楚国降将钟离眜，钟离眜想追随韩信干一番事业，可是韩信只能将他的人头献给来巡视的刘邦。最后被萧何缉拿，被吕后处死在未央宫。韩信悔不听蒯通之言，落下了"成也萧何，败也萧何"的遗憾。

韩信死亡之谜

关于韩信被杀的原因，历来众说纷纭，莫衷一是。一种意见认为韩信死于蓄意谋反。这一论点主要来自司马迁、班固、司马光的史书记载，此后的学者、史家多有因循。西汉史学家司马迁评论说："假如韩信能够学得圣人之道而知道谦虚礼让，不夸耀自己的功劳，不矜恃自己的才能，那就近乎大贤了！对汉朝的功勋，可以和周公、召公、太公这类人相比，后代子孙也可以世世代代享受祭祀！他不知道应该这样做，却在天下已经归附汉之后，竟然阴谋叛乱，以至于被杀，不是理所当然的吗？！"（《史记·淮阴侯列传》："假令韩信学道谦让，不伐己功，不矜其能，则庶几哉！于汉家勋可比周、召、太公之徒，后世血食矣！不务

出此，而天下已集，乃谋叛逆，夷灭宗族，不亦宜乎。"）

北宋史学家司马光评论说："一般人可能认为韩信是最早提出统一天下的伟大战略的人，他和刘邦一起在汉中起事，平定了三秦之后，就和刘邦分兵攻取北方，擒了魏王，夺取代国，打败赵国，威胁燕国，乘胜向东攻击并占领了齐国，往南又在垓下消灭了楚国，汉朝所以能够得到天下，大抵说来都是韩信的功劳。看他拒绝蒯彻的游说；在陈迎接刘邦，怎么会有反叛的心呢？! 实在是因为他失掉了王爵而心里不快，才做出背叛谋反的行为。

以卢绾不过是刘邦的邻居这种故旧恩情，还能够被封为燕王，而韩信却只能够以列侯的身份按时晋见国君；这难道不是刘邦也有亏待韩信的地方吗？我认为汉高祖用欺诈诡谋在陈把韩信捉到京城，谈到亏待韩信方面不能说没有；不过，韩信也有过错，从而导致了这个下场。

当初，汉和楚在荥阳对抗之时，韩信正好消灭了齐国，但他并不立即回辅刘邦，反而自请立为假齐王；后来，刘邦率汉军追逐楚军一直到固陵，跟韩信约好时间一起攻打楚军，届时韩信却失约不到；当时，刘邦就有杀掉韩信的念头了，不过是力量不够，而不敢贸然动手罢了。等到天下已经平定，韩信还有什么可倚仗的呢？! 利用别人窘迫之际以求取大利，这是商贾小人的心思；酬谢对方的功劳，报答对方的恩德，这是士人君子才有的胸怀。韩信却要以商贾小人的心志为自己图谋私利，而盼望别人以士人君子的心理报答，这不是非常困难的事情吗？!"（《资治通鉴》："臣光曰:世或以韩信首建大策，与高祖起汉中，定三秦，遂分兵以北，擒魏，取代，仆赵，胁燕，东击齐而有之，南灭楚垓下，汉之所以得天下者，大抵皆信之功也。观其拒蒯彻之说，迎高祖于陈，岂有反心哉！良由失职怏怏，遂陷悖逆。夫以卢绾里用旧恩，犹南面王燕，信乃以列侯奉朝请；岂非高祖亦有负于信哉？臣以为高祖用诈谋擒信于陈，言负则有之；虽然，信亦有以取之也。始，汉与楚相距荥阳，信灭齐，不还报而自王；其后汉追楚至固陵，与信期共攻楚而信不至；当是之时，高祖固有取信之心，顾力不能耳。及天下已定，信复何恃哉！夫乘时以徼利者，市井之志也；酬功而报德者，士君子之心也。信以市井之志利其身，而以士君子之心望于人，不亦难哉……")

明清之际的学者王夫之在《读通鉴论·汉高帝》之中，从韩信贪功、邀赏以及破灭项羽之后仍然拥有重兵这三点来论述，认为韩信"云梦之俘，未央之斩"是他自己造成的恶果。

另一种意见则认为韩信死于诬陷冤狱。明代散文家归有光、清初诗人冯班、清代考据家梁玉绳等人都从剖析韩信谋反是出于诬陷，肯定韩信被杀是一大冤狱。例如宋代学者朱熹就认为："韩信反无证见。"梁玉绳《史记志疑·淮阴侯列传》中也说："信之死冤矣！前贤皆极辨其无反状，大抵出于告变者之诬词，及吕后与相国（萧何）文致之耳。史公依汉廷狱案叙入传中，而其冤自见。"清人郭嵩焘认为：（韩信）"贵贱生死一取资于人，是乃人臣之定分。非能反者"。即是说韩信不可能谋反。刘知几《史通》认为：史书真伪并存，未可全信；他也认为史书对韩信的贬损、浮言不当。近人朱东润也指出："论者以为疑狱，真伪不可知。"清代史学家王鸣盛《十七史商榷·信自立为假王》中也认为韩信自己请封假齐王，是他被杀的祸根；但他认为韩信谋反一说系"间左蜚

言，略无证据。"他们都认为，韩信根本无意背叛刘汉王朝，他的被杀完全是吕雉疑忌名将、杀戮功臣的阴谋。更有学者指出司马迁在写《史记》之时，迫于汉武帝的高压，只能用曲笔在文中故意留下多处破绽，以待后人为韩信辨析冤枉。

韩信位居齐王，坐镇齐地之时最有条件背叛刘邦，他却对刘邦忠心耿耿；在被夺去兵权、迁徙为楚王之时，仍有机会造反，他却仍旧对刘邦忠心不二；最后在被贬为淮阴侯软禁在京城之时，手无兵权，在最不可能反叛的时候，居然涉嫌谋反了！有的学者据此认为智勇兼备、百战百胜的绝世奇才韩信，断然不会出此昏招，因此，韩信绝对不可能谋反。也有的学者认为韩信"能忍夺军徙王，而不能忍夺王贬爵"，因此"日夜怨望，居常怏怏"，而且更被刘邦的强势步步进逼，无路可退，这才出此下策。

其实，纵观史书的记载，说韩信谋反疑点甚多：第一，韩信临死之际所说的话"吾悔不用蒯通之计，乃为儿女子所诈，岂非天哉？！"这句话本身就说明韩信根本没有谋反，因为此话是在后悔自己当初没有听信蒯彻的建议而谋反，言外之意就是说自己当初没有谋反，现在却被冤枉谋反而处斩，所以很后悔啊！如果他此时真的谋反，那么他慨叹的应当是此次谋反计划不周密而破败，而不是悔不当初。

第二，陈豨谋反并不是出于韩信的指使，也不是蓄谋造反。史书记载：陈豨之所以造反，是因为他养的门客甚多，赵相周昌发现陈豨有一次请假回乡，经过赵国时，跟随陈豨的宾客竟有一千多辆车子，浩浩荡荡，把邯郸所有的馆驿都住满了。于是，周昌要求入见刘邦，把陈豨宾客盛多的情形报告给了刘邦，并且说陈豨拥有重兵在外地已经有好多年了，恐怕会有反叛的事情发生。刘邦听了，就派人再三调查陈豨的宾客居住在代地之时的种种不法之事，有很多都牵连到了陈豨。陈豨知道后很害怕；这时，韩王信蓄谋造反，就利用这个机会派王黄、曼丘臣等人游说他，引诱他反叛汉朝。后来，太上皇刘太公去世之时，刘邦派人召见陈豨，陈豨借口生病不到；这年九月，陈豨就和王黄等人造反了，自封为代王，侵占了赵、代等地。《史记评林》上说，陈豨如此的谋反经历"安得与淮阴有夙谋？"

第三，智勇兼备、百战百胜的韩信谋略超卓，怎么会在自己被贬为淮阴侯之时无兵造反呢？

第四，史书记载的韩信与陈豨密谈，这段话只能是韩信和陈豨知道，作为史官的司马迁怎么可能知道呢？并且还绘声绘色地记叙下来呢？所以，有的学者就认为：司马迁明知韩信的冤枉，但在专横跋扈的汉武帝时代不敢直书其事，遂故意留下有破绽的记载，让后人辨析真相。

第五，陈豨本是刘邦的亲信，当他上任代相之时，韩信居然敢于和陈豨密谋造反？太匪夷所思了。

第六，以韩信的大才，他密谋造反的计划怎可能让自己舍人的弟弟知道呢？

第七，当萧何骗他说陈豨已死，力请韩信入宫祝贺之时，韩信如果真的蓄谋造反，那么同谋已死，他韩信还会心无顾忌地坦然入宫？

第八，匆匆处斩韩信，似有灭口之嫌；为什么要迫不及待地处死韩信呢？以韩信这样功盖天下的勋臣，即使谋反被拿，也要经过有司审讯

明白才能论罪，为什么要在长乐宫钟室匆匆处斩呢？

总之，一代名将韩信死于吕后之手，而吕后其人心狠手辣，是很善于诬陷他人制造冤狱的。汉初七大异姓王之一的梁王彭越，就是吕后一手制造的冤狱，辨析彭越的被杀史料，人们不难看出彭越的死和韩信的死如出一辙。

《资治通鉴》记载说：刘邦平定陈豨叛乱的时候，向梁国征调军队，梁王彭越借口生病，只派部将率兵到邯郸助战。刘邦很生气，就派人责备他。彭越害怕了，要亲自前往谢罪。他的部将扈辄却说："大王起先不去，被皇上责备了这才去，这一去肯定会被逮捕的；不如发兵反叛吧！"彭越不接受。这时，彭越的太仆得罪了他，逃亡到京城，对皇上上告梁王彭越和扈辄计划造反。于是，刘邦派人乘其不备逮捕了彭越，拘押到了洛阳。有司审问彭越的案情，认为："谋反的行迹已经具备，请按法论罪。"刘邦却赦免了彭越，废为庶人，下令把他安置在蜀的青衣县。彭越向西走到郑，遇到吕后从长安来。彭越就向吕后哭诉，述说自己无罪，希望能回到自己的故乡昌邑居住。吕后假意答允了他的请求，把彭越带到了洛阳。而后，吕后对刘邦道："梁王彭越是一个壮士，现在居然把他迁徙到蜀，这是你替自己伏下了祸患啊！不如把他杀了干净。我现在把他带到洛阳来，就是希望杀掉他，永绝后患。"于是，吕后就命令彭越的舍人诬告彭越再度谋反。廷尉王恬开奏请刘邦把彭越的宗族全部杀光，刘邦批准了这个奏议。于是，这年三月，屠杀了彭越三族。

吕后既然能够唆使彭越的舍人诬陷彭越，焉知她不能诬陷韩信？又

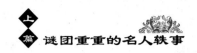

怎知韩信的舍人弟弟告发韩信谋反不是出于吕后的唆使呢？她的作案手法如此娴熟，如此雷同，不能不让人怀疑——韩信之死就是出于吕后的阴谋。

后世有些学者著文论述，认为吕后冤杀韩信是出于刘邦的指使。如揆叙《近淮阴侯故里》诗云："钟室谋成上将亡，分明授意出高皇。勋臣不免夷三族，猛士虚求守四方。"但是，从刘邦讨平陈豨叛乱回来之后，得到韩信被杀的讯息之时的表情"且喜且怜之"来看，诛杀韩信似乎并非出于刘邦的授意。

吕后斩杀韩信是否出于刘邦的授意并不重要，韩信之死是在于他的谋略震主，功高盖世，他的才干与功勋始终是威胁西汉王朝统治的潜在隐患。所谓"功到雄奇即罪名！""匹夫无罪，怀璧其罪！"因此，即使韩信逆来顺受，默默无闻，刘邦、吕后也断然不会放过韩信的。

"韩信现象" 解读

韩信是秦末汉初淮阴人（今属江苏省淮安市），生于哪一年已经无法查考了，卒于公元前196年。

韩信是中国历史上的一代名将，也是西汉开国第一功臣；他生活在一

个天翻地覆、风云骤变的时代，也正因此，他的一生充满了传奇，有人称他："在困境中挣扎，在草莽中崛起，在战争中奋进，在胜利中沉沦。"也有人慨叹他："且天生非常之人，具非常之才，值非常之时，建非常之功，而罹非常之祸，上下千古，孰有如汉淮阴侯者乎？……"

作为一代名将，旷世奇才，韩信在中国历史上和世界战争史上都占据着极其崇高的地位，他是公元前三世纪末世界历史上最为杰出的大军事家、大战略家。他的《拜将台登坛对》首次制定了兴汉灭楚的大战略，随后的明修栈道，暗度陈仓，一举平定三秦，稳据关中为根据地，向东攻略天下，占据了地利上的优势，为刘邦开创西汉王朝奠定了坚实的基础，成为刘邦崛起的转折点；此后，韩信挥师北上，渡过黄河，攻灭魏国，击破代国，平定赵国，迫降燕国，吞并齐国，开辟了北线第二战场，对西楚霸王项羽形成了迂回合围的战争态势，从而改变了楚汉相争的整个战争格局；最后在垓下一举攻灭项羽，辅佐刘邦统一了天下，建立了大一统的西汉王朝。

韩信军旅一生，大小十余战，战必胜，攻必取，未尝一败，累计破敌六十万人以上，而且每每能够出奇制胜，以弱克强，他指挥的井陉口之战、破魏之战、潍水之战、垓下之战等战役，已经成为中国战争史上的经典，为历代兵家所推重。

同时，韩信还是中国历史人物当中产生或相关联成语最多的人，计有近三十条之多，蔚为奇观，诸如：明修栈道，暗度陈仓；昌亭之客；一饭千金；胯下之辱；胯下小儿；人自为战；国士无双；背水一战；功高无二；略不世出；匹夫之勇；妇人之仁；解衣推食；拔旗易帜；独当

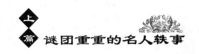

一面；捷足先登；十面埋伏；四面楚歌；成也萧何，败也萧何；韩信领兵，多多益善；按甲休兵；褕衣甘食……

汉高祖刘邦称帝之后，与大臣们讨论汉兴楚亡的原因之时，认为他取胜的主要原因之一就是在于用人，他重用了张良、萧何、韩信——"兴汉三杰"，声称："夫运筹帷幄之中，决胜千里之外，吾不如子房；镇国家，抚百姓，给馈饷，不绝粮道，吾不如萧何；连百万之众，战必胜，攻必取，吾不如韩信。三者皆人杰，吾能用之，此吾所以取天下者也。项羽有一范增而不能用，此所以为我擒也。"

其实，刘邦此说固然有一定的道理，却是过分拔高了张良、萧何的功绩与作用。

后世的历史家在归纳汉兴楚亡的原因之时，一般都认为主要在于如下四点：一是项羽缺乏巩固天下局势的大战略，不顾大局和实际情况，唯我独尊，一切从私利出发、荒谬的分封举措，不切合实际，伏下了导致天下战乱的隐患；二是韩信开辟北线第二战场，形成了对楚的迂回合围，从而改变了整个战争的格局；三是项羽残暴不仁，丧失了人心，而且不会用人，所谓"匹夫之勇"和"妇人之仁"，导致了人才流失，反为敌人所用（韩信、陈平等人都是弃楚归汉），使刘邦占据了"人和"之利。四是刘邦稳居关中，占据了"地利"，以优越的地势之利，固守荥阳、成皋一线，持久对抗，为削弱项羽奠定了基础。

作为汉初三杰之一，韩信不仅位列《史记》列传之三十二，在中国更可谓家喻户晓。从寄食漂母、胯下之辱、怀才不遇，到登坛拜将、所向披靡、助汉亡楚，直至亡于钟室。观其一生轨迹，显成一字型。然而，

有类似遭遇之古今豪杰何止韩信一人，岳飞、徐达、年羹尧，哪一个不是"连百万之军，战必胜，攻必取"的军事天才？韩信被杀绝非个别现象，其中有一个普遍规律，细究其原因，不外有三：

其一，恃盖世之才而放旷。

尽管出世之初，曾任楚军执戟郎中与汉军治粟都尉，确属怀才不遇，但二十五岁即拜为大将军亦不可不谓少年得志。

概源于早年落破之心理阴影，韩信极欲以其过人之才与辉煌战绩获得超越众人之名利，故一俟其才为世人瞩目之际，便将此心理抒发于极至。表现有三：其一，于楚汉相持之紧要关头，以齐王之封作为助汉之条件，植祸源于刘邦心中。其二，遭贬后无任何反省，仍不屑与周勃、樊哙"之流"为伍，失去汉室众臣之同情与支持。其三，与高祖论兵竟自诩"多多益善"，狂妄之情溢于言表，将刘邦之妒意与猜疑激化为杀机。

同为刘邦重臣、对韩信一生起着重要作用（荐、追、诱）的萧何，则锐察上意，与之形成鲜明对比。早在负责战争后勤期间，便极力以求田问舍、自贱其名之道韬光养晦，取得了汉王之信任。非但得以善终，且留下"萧规曹随"之美誉。

其二，挟不赏之功而震主。

"秦失其鹿，天下共逐之，于是高材疾足者先得焉"。在与项羽争夺天下的过程中，刘邦军队全部关键之役皆仗韩信而胜。

暗度陈仓、声东击西、木罂渡军、亡地而存、大破齐楚、不战降燕、十面埋伏，其军事奇才于纵横驰骋间发挥得淋漓尽致，因其战功赫赫，

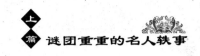
于军中威望极高，以至当时兵器均刻有"不杀韩信"四字。司马光曰："汉之所以得天下，大抵皆韩信之功也。"

军事才华与军中权威无人可比，几乎具备与刘、项抗衡之实力，此实已为人臣之不祥之兆。而韩信始终认为己虽功高，却未震主，加之"汉王授我上将军印，予我数万觿，解衣衣我，推食食我，言听计用"极大地满足了其自卑与自负之心理，故始终听不进蒯通"勇略震主者身危，功盖天下者不赏"之警告，更将规劝其与楚汉三分天下之武涉逐出大营。

其三，事多疑之君而不豫。

"飞鸟尽，良弓藏；狡兔死，走狗烹；敌国破，谋臣亡"，范蠡谓文种之言再次应验。

汉室初定，异姓王集团迅速变为高祖之最大威胁，于是刀锋再起，功臣喋血，韩信、陈豨、英布、彭越诸将，无论功勋如何、是否起反，均难逃一死。

其实，刘邦对韩信之疑，早已显现，封王夺兵、改齐封楚、降王为侯，一系列迹象愈来愈明显，怎奈韩信竟始终看不出当年与之解衣推食之汉王，虽无"匹夫之勇"更无"妇人之仁"，并对此毫无防范。而张良、陈平等则较韩氏聪慧百倍。被称作"帝王师"之张子房，于汉室江山之功不在韩信以下，刘邦曾亲言："运筹策帷帐中，决胜千里外，子房功也"，然其洞悉君意，避权让赏，刘邦谕其"自择齐三万户"，张却再三推让，仅择贫瘠战乱、户不及三千之留地。可见其明哲保身、激流勇退之意早已确立并得以实现。

凭心而论，韩信之死可悲而不可怜。建立大汉天下之刘邦决非昏君，

汉之功臣亦未尽诛。《襄阳记》曰："识时务者在乎俊杰"。高功自居、张扬自我、目空一切乃功臣之通病，亦为君主之大忌。作为一名军事奇才，韩信于帝王心术一无所知，实可谓既不知己亦不知彼的政治幼童，若于项羽麾下料亦难逃此劫。

也许，如巴顿将军所言："职业军人应死于最后一次战争"，方为韩信之最佳归宿。

韩信遭遇双重莫须有

前面说过，韩信死案的罪名，完全是莫须有；而韩信的云梦之擒，同样也是个莫须有的事件。两个事件的罪名都是"反叛"，看来"反叛"这个罪名注定要阴魂不散地纠缠着韩信的余生，并最终要了他的命，而且还要延续到韩信的身后，或让人指责，或让人感慨。韩信的云梦之擒，事见《史记·淮阴侯列传》、《史记·陈丞相世家》、《史记·高祖本纪》，而这三个记载颇有出入，其中有假史存焉。而且从这里开始，韩信的事迹的真伪更成问题，需要推敲之处颇多。比如这个事关云梦之擒的假史，亦是真假参半，且各有各的假。其中主要的假，还是假在韩信之叛上。这三个材料如下：

项王亡将钟离眛家在伊庐，素与信善。项王死后，亡归信。汉王怨眛，闻其在楚，诏楚捕眛。信初之国，行县邑，陈兵出入。汉六年，人有上书告楚王信反。高帝以陈平计，天子巡狩会诸侯，南方有云梦，发使告诸侯会陈："吾将游云梦。"实欲袭信，信弗知。高祖且至楚，信欲发兵反，自度无罪，欲谒上，恐见禽。人或说信曰："斩眛谒上，上必喜，无患。"信见眛计事。眛曰："汉所以不击取楚，以眛在公所。若欲捕我以自媚於汉，吾今日死，公亦随手亡矣。"乃骂信曰："公非长者!"卒自刭。信持其首，谒高祖於陈。上令武士缚信，载后车。信曰："果若人言，'狡兔死，走狗烹；高鸟尽，良弓藏；敌国破，谋臣亡。'天下已定，我固当烹!"上曰："人告公反。"遂械系信。至雒阳，赦信罪，以为淮阴侯。

汉六年，人有上书告楚王韩信反。高帝问诸将，诸将曰："亟发兵坑竖子耳。"高帝默然。问陈平，平固辞谢，曰："诸将云何?"上具告之。陈平曰："人之上书言信反，有知之者乎?"曰："未有。"曰："信知之乎?"曰："不知。"陈平曰："陛下精兵孰与楚?"上曰："不能过。"平曰："陛下将用兵有能过韩信者乎?"上曰："莫及也。"平曰："今兵不如楚精，而将不能及，而举兵攻之，是趣之战也，窃为陛下危之。"上曰："为之奈何?"平曰："古者天子巡狩，会诸侯。南方有云梦，陛下弟出伪游云梦，会诸侯於陈。陈，楚之西界，信闻天子以好出游，其势必无事而郊迎谒。谒，而陛下因禽之，此特一力士之事耳。"高帝以为然，乃发使告诸侯会陈，"吾将南游云梦"。上因随以行。行未至陈，楚王信果郊迎道中。高帝豫具武士，见信至，即执缚

之，载後车。信呼曰："天下已定，我固当烹！"高帝顾谓信曰："若毋声！而反，明矣！"武士反接之。遂会诸侯于陈，尽定楚地。还至雒阳，赦信以为淮阴侯，而与功臣剖符定封。

（《史记·陈丞相世家》）

十二月，人有上变事告楚王信谋反，上问左右，左右争欲击之。用陈平计，乃伪游云梦，会诸侯於陈，楚王信迎，即因执之。是日，大赦天下。

《史记·高祖本纪》

钟离眛的事，仅见于韩信的传，而不见于另外两个记载，因此未必属实。

《史记·淮阴侯列传》所说的韩信在云梦被擒前有欲反的企图，亦不足采信。且不说韩信未必有反叛之心，即使真有反叛之心，至少在那个时候，他应该没有做好反的准备；至少在刘邦方面，查不出韩信反叛的任何真凭实据。进一步来说，如果韩信真的有反叛的事实，处理起来也不会像这个样子；而韩信如果真有反叛的把柄抓在刘邦手里，日后两人也不会相安无事。根据现有史料来看，韩信生命中的最后几年，是比较闹情绪的，不太像有把柄被人捉住的样子。

《史记·高祖本纪》与《史记·陈丞相世家》都有刘邦部将欲武力解决韩信之楚的记载，但这种记载也是靠不住的。刘邦陈平的对话，以为楚兵强于汉兵，这是没有事实根据的。楚强于汉，那是项羽之楚，而非韩信之楚。韩信从归封到被擒，时间应不足一年。他从齐王转为楚王，并没有带军队就封。在和平年代，韩信在楚国也不应该招募大量的军队。

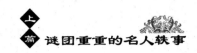

所以，即使楚国有一定的军事实力，跟汉政权还是不能相提并论的。虽然最终刘邦采用了陈平提议的方式，显然好于动武的方案，但说汉不敌楚，那就明显不对了。

韩信之擒的具体时间，当以《史记·荆燕世家》汉六年春为准。而上述三个记载只有《史记·高祖本经》纪给出明确时间，也不过说是十二月有人上书，捉拿韩信的具体时间则没有交代。根据《史记·陈丞相世家》所说的"与功臣剖符定封"一说，则韩信之擒的具体时间可以缩小到"汉六年十二月甲申"之前，汉六年十二月甲申到六年正月丙午之前这段时间里。汉六年十二月甲申之前，感觉上太仓促了。因为从上书到部署出巡要花一段时间，感觉时间太紧了。幸有《史记·荆燕世家》存世，完全排除了十二月的可能性。至于后面这个时间下限，是因为刘邦之弟刘交为楚王——即楚元王、刘邦同宗刘贾封为荆王，正是在正月丙午。表明韩信已被擒而让出了楚王的位子，而其旧封之楚分为荆楚二国（事见《汉兴以来诸侯王年表》）。"与功臣剖符定封"之说，给人的印象是汉第一次封功臣，实则在汉此之前也封过一批。就是在汉六年十二月甲申，这一天曹参、靳歙等十余功臣受封，正月丙午这一天，受封的功臣就更多了，像樊哙、张良等人都是丙午这一天封的。而韩信也不是在正月丙午日受封的，据《功臣表》，韩信封侯是汉六年四月，也就是说，并非如世家与列传所说的一到洛阳就赦罪为侯，而是又拖了至少三个月。

世家与列传说韩信一到洛阳就赦罪为侯，与《高史记·祖本纪》明显不同。《史记·高祖本纪》所记似乎更加具体，其曰："是日，大赦

天下。"这个记载非常有内涵，即在抓捕韩信的同时，就赦免了他的罪行。这一举动本身就表明，"反叛"一说，其实是让韩信腾出位子。所以，根本不存在汉政权觉察到韩信要反叛，只是为了消除韩信可能反叛的远期隐患，而将反叛之罪名强加到韩信头上，以达到撤销韩信楚王的目的。记载刘贾事迹的《荆燕世家》也称"废楚王信，因之，分其地为二国"，则废韩信楚王的行动不像是因为他要反叛，完全是汉政权要收回楚地交给自己信得过的人。

司马迁的互见法记载非常有价值，于此可见一斑。即以韩信被擒来说，此事为刘邦方面策划的一件大事，刘邦是主动发起方，陈平、韩信只是承应方，其最核心最要害的问题，就被记在刘邦的资料中了。抓捕的当天就赦其无罪，刘邦的做法似乎是，韩信你这个人在外面让我实在不放心，至于谋反与否并不那么重要，就委屈你一下吧，这样对大家都有好处。在韩信一方当然非常不爽。韩信可能会想，你要我让出位子，也犯不着用这个罪名，完全可以商量。而在刘邦一方，不如此就不能解决这个问题。这种事情又哪里是可以跟对方商量的？谈崩了怎么办？就算韩信同意，又如何昭告天下——我对韩信不放心，所以要他把这块地盘让出来——显然不可能。因此，韩信日后一直不开心，并从来也不掩饰，刘邦都不予计较，其中的原因双方心知肚明。即使是抓捕韩信的现场对话，也反映了这样的内涵。信曰："果若人言，'狡兔死，走狗烹；高鸟尽，良弓藏；敌国破，谋臣亡。'天下已定，我固当烹！"上曰："人告公反。"从这个现场对话来看，韩信肯定没有任何反叛的准备，所以梗着脖子说赌气话，口气也相当地冲；刘邦的应答显然也只是个场面

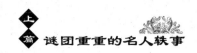

交代话，纯属敷衍，没有实质性内容。所以，韩信当时并没谋反是肯定的。只有这样，韩信才可以当场对刘邦使使性子，发泄一下不满情绪，也不会有什么大碍。韩信明显是这场游戏中吃亏的一方，刘邦也就不会再找麻烦。

三个记载都有人上书告反的记载，然告反者究竟为何人，记载不详，可能属于当局凭空捏造的诬陷栽赃，根本没有这样的人。比照最终韩信死难，也是有人告反，此人有名有姓有来历，后来还封了侯，为慎阳侯栾说。所以导致韩信云梦之擒的这个语焉不详的告反之人，如果不是子虚乌有的话，这个人可能就是吕后。她当时跟刘邦说，韩信这个家伙，陛下可要防着他一点啊。正好刘邦也有这个心病，所以就用陈平之计，把韩信的王位给废了，收在身边，永绝后患。至于查获出反叛罪状没有，已经是无关紧要的了，当时的局势需要废除韩信的楚王，无论他真叛假叛，都不影响这个程序。也许是刘邦对韩信在楚地感到不安，但韩信规规矩矩无处下手，吕后知此情状连忙献计：何不干脆告他个反叛？刘邦受此启发，才向朝臣询计，才有了后面这些结果。所以《吕太后本纪》所说"吕后为人刚毅，佐高祖定天下，所诛大臣多吕后力"，岂虚言哉？而到了吕后日后又以"反叛"之名处死韩信，刘邦也就说不出什么了。他总不会因这个事情跟吕后闹翻。再说刘邦在韩信事件上也是有责任的，第一次他听信了吕后毫无根据的诬陷，第二次也只能接受吕后毫无根据地杀人了。

刘邦封死了韩信的反叛之路？

　　韩信之死，让刘邦戴上了杀功臣的帽子，并且成了历史上杀功臣的开山始祖。很少有人能够想到，在刘邦的设计中，韩信原本是可以不死的。韩信一案，尽管人是吕后杀的，尽管司马迁在《吕太后本纪》里也已明确说了，"吕后为人刚毅，佐高祖定天下，所诛大臣多吕后力"，但韩信之死的始作俑者还是刘邦。而且刘邦的历史名誉上的污点，可能有一半与韩信冤案有关。让我们来看看刘邦是如何面对韩信之死的：

　　高祖已从豨军来，至，见信死，且喜且怜之，问："信死亦何言？"吕后曰："信言恨不用蒯通计。"高祖曰："是齐辩士也。"乃诏齐捕蒯通。蒯通至，上曰："若教淮阴侯反乎？"对曰："然，臣固教之。竖子不用臣之策，故令自夷於此。如彼竖子用臣之计，陛下安得而夷之乎！"上怒曰："亨之。"通曰："嗟乎，冤哉亨也！"上曰："若教韩信反，何冤？"对曰："秦之纲绝而维弛，山东大扰，异姓并起，英俊乌集。秦失其鹿，天下共逐之，於是高材疾足者先得焉。蹠之狗吠尧，尧非不仁，狗因吠非其主。当是时，臣唯独知韩信，非知陛下也。且天下锐精持锋欲为陛下所为者甚众，顾力不能耳。又可尽亨之邪？"高帝曰："置之。"

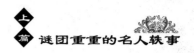

乃释通之罪。（《淮阴侯列传》）

从字面上看，刘邦不知情的成分更大一些。司马迁用"且喜且怜"这个词颇为传神地刻画了刘邦当时丰富而复杂的内心活动。其实，"且喜且怜"这个词，已经从一定意义上透露出韩信案的真伪与刘邦在此案中的作用。喜，表明刘邦极可能事先不知情，但除掉韩信他还是蛮高兴的。如果除掉韩信是刘邦的既定方针，那么吕后这个执行者，不过是按刘邦授意行事，一切皆在刘邦的意料之中，就无所谓喜了。因此，这个喜，或者有喜出望外的含义在其中。而刘邦的怜更是意味深长，它表明韩信不是真有反叛罪行，即使刘邦乐意见到韩信之死，但用这个罪名处死韩信这样的大功臣，还是让人痛心的。既然如此，刘邦为什么又要喜呢？看来韩信在他的最后岁月里，常有让刘邦不爽的言行，而刘邦又不便因这些言行将其治罪。因为如果随便找个名义处死韩信，怎么看都太过了，刘邦也实在下不了这个手。所以刘邦的矛盾在于，韩信的存在，让他心烦意乱；而韩信真正被这样不明不白地处死，又让他颇为不安——因为他比谁都清楚，韩信根本没有反叛的可能。

刘邦提审蒯通，也有欲敲实韩信反叛罪名之意图，这本身就表明韩信之反，不具有采信率，所以要找人证来落实。对蒯通的审讯记录表明，刘邦认可了蒯通的说法，也就是说蒯通只是个历史反革命而没有现行，他鼓动韩信在可以反的时候反，只是他的策反没有成功；而韩信所谓的日后之反，又不关蒯通的事；因此刘邦不再追究蒯通之罪。从刘邦不追究蒯通之罪一事来看，他也不像有一定要置韩信于死地之心。曾经一度，韩信是刘邦非常放心不下的不稳定因素，但被以谋反之名削王为侯之后，

韩信的存在已不构成对汉政权的任何威胁。刘邦对待韩信的底线，应该是让韩信处在可控制的地位。而韩信死前的状态，也正处在这种可控制的地位，真正是龙游浅滩，再也不可能掀起什么大浪来了。刘邦的政权安全了，韩信的状态也就安全了。因此，将对刘邦的统治没有任何威胁的韩信实行肉体消灭，实在是没有必要的。所以，原本是可以不死的韩信最终死了，造成了刘邦的"又喜又怜"的这种自相的矛盾的心态，其中的内涵实在可以无限解读。

前面说过，刘邦比谁都清楚，韩信根本没有反叛的可能，不仅现在没有，而且过去也从来没有，而这一切，完全是刘邦周密设计的结果。刘邦对韩信的操控能力是超强的，他可以让韩信不可能反叛，也就可以让韩信平安地活下来。这一点不仅后人知之甚少，就是当时的人也不甚了了。知道这一点的可能只有刘邦、韩信两个人——刘邦清楚地知道，韩信绝无反叛的可能，而没有反叛可能的国士韩信，当然就不可能猪油蒙心去搞什么根本搞不成的反叛。所以，刘邦放过蒯通不予追究，其中固然有他豁达大度的性格因素，也含有让蒯通其言散布出去的因素在内。因为蒯通的这种言论流传开来，对刘邦是有百利而无一害的。明人胡应麟针对韩信之死的评价非常有见地："神矣哉，汉高之智也！其智之神，盖不惟颠倒一世，且笼络万世而愚之。"（《少室山房集》卷九十六《韩信》）刘邦发明了知其一不知其二之说，殊不知，世上正是充满了这种知其一不知其二的人，所以刘邦的目的很容易就能达到。刘邦认可了蒯通之言的作法，巧妙地掩盖了一直以来刘邦对韩信的防范举措。而这一掩盖，转移了人们的注意力，导致了后世对韩信事件的误读。长期以来，人们的思维一直是固定在韩信有反叛汉阵营的机会而没有反这个主线上，并因此产生了无数的史评文字及诗歌文学作品。

因为蒯通的说辞，也因为韩信的临终之叹，人们往往以为韩信是有机会背叛刘邦，成为与楚汉鼎足而三的一股力量。而因韩信的可以叛而终未叛，又加重了他国士的份量，并更加凸显了吕后或刘邦杀韩信的不仗义。但这种认定不是没有问题的。韩信之所以不叛汉，不仅仅是有曹参等在一旁威慑，而是韩信本身并没有叛汉的本钱。虽然韩信从击魏开始就独立作战，但韩信从来没有一支基本部队。此事颇不可思议，但却是事实。韩信击魏、击代、击赵时，应该将部队大大发展壮大了，而这样经过发展壮大与战争考验的部队并没有始终掌握在他自己手中，而是不停地被刘邦征调走。刘邦征调韩信部队可能有两重用意，一是其与项羽相持于荥阳一线时非常吃紧，兵员消耗极大，故需要不停地补充，而韩信统领下的经过战争锻炼的部队，就成为了最合适的充实；一是经过这样不停地调动征用，韩信就始终不能成为一支难以控制的异己力量。事实证明，刘邦这样的做法是成功的。《淮阴侯列传》记此事曰："信之下魏破代，汉辄使人收其精兵，诣荥阳以距楚。"此类调动可能是用这样的形式，即先由辅佐韩信的曹参将部队控制，再移交给刘邦派来接兵员的人。《史记》中有这样的调动痕迹，如《功臣表》记（棘阳侯杜得臣）"以郎将迎左丞相军，以击诸侯"；《樊郦滕灌列传》有灌婴于汉三年前有"北迎相国韩信军于邯郸"的记载；《傅靳蒯成列传》又有蒯成侯周緤"遇淮阴侯兵襄国"之说；上述诸说或都提示汉收韩信军的具体做法。其中的左丞相，指的是韩信，也可能是指曹参，韩信击魏时

的官衔即为左丞相，而曹参则是以假左丞的虚职辅佐韩信，故亦不妨称之为左丞相。只是这个迎军事态是接受曹参的交接，还是迎接曹参的整个部队，不详。从记述上来看，更像是交接，即曹参不再随军、交出了部队的指挥权，如果曹参仍然随军，这样的表述就不合适。灌婴与周緤的情况就比较明确，但没有说从何人手里交接。韩信的相国，也只是个荣誉职位，实际上的相国是萧何，史上萧何之为相国是韩信死后的事，但其位置之重要当以相国视之。最最明确的一次抽调兵员，是刘邦与夏侯婴潜入韩信大营，直接将韩信的军队调走，只给他留下了老弱残兵。韩信击齐之前，其所掌握的原本属于自己的部队就是这样一支老弱残兵。击齐时，因为汉调动了大量军队入齐归韩信指挥，才取得了胜利，靠韩信自己的部队是完成不了这样的任务的。韩信在齐期间的主要军事力量肯定不是他的老弱残兵，而是刘邦的精锐部队，只是这些部队他并不能完全掌控，他要想背叛刘邦，是没有这个实力的。而当时的各路说客可能并没有认清韩信的真实处境，所以他们的反复进言终归于无效，但在韩信方面应该有这样的考量在内。所以千百年来，人们不断为韩信的行为取舍一再感叹。还有一个问题，感叹韩信命运的人，难道真的希望韩信反叛刘邦吗？需知，正宗的儒家理念对于反叛是深恶痛绝的，因此，为韩信不反而发的感慨，也不过是一种基于不可假设的历史的遐想。

由于刘邦与韩信形成的关系，韩信长期征战，功勋卓著，却始终形成不了自己的势力，对这种状态，韩信显然是有想法的。灭齐以后，韩信的心态发生了变化，可能再也不满足于一直没有自己的势力，于是开始向刘邦讨价还价。汉四年灭齐后，韩信要刘邦封他为齐假王，刘邦当

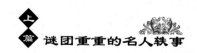

时正困于与项羽相持，见到韩信的提议，大为恼火，差一点就要与韩信决裂。经张、陈等谋士一再劝说提醒，刘邦一步到位，册封韩信为齐王而不是假王。虽然当时韩信对真正实力的拥有仍跟从前差不多，但有了齐王这个称号，还能形成一定的影响力。如果假以时日，韩信是可以拥有完全属于自己的实力的，而到了那个时候，会出现什么样的局面就很难说了。老子说，名与器不可以假人。在当时的条件下，一旦有了王的称号，确实是可以形成极大的号召力的，真正实力的形成与壮大，也只是个时间问题。可能人们也会注意到，韩信拥有了"王"的称号后，他支持刘邦创业的热情立即下降了，到了楚汉决战之时，韩信甚至放了刘邦的鸽子——因此刘邦对他的防范不是毫无道理的。

纵观韩信的一生，他确实没有明确做出反叛的行动。但韩信是否真的不想反，也没有确凿的证据，王夫之说韩信须臾没有放下反叛之心（参见《读通鉴论》卷二），或失之武断。但可以肯定的是，刘邦一直在提防着韩信会反，所以，最有效的措施莫过于使韩信不再拥有反叛的本钱。韩信是一个练兵高手，他的部队不断地被刘邦调走，但不需要过多久，他又能练出一支精干的部队。因此，即使韩信到了人口比齐地少的楚国之后，刘邦仍然是不放心的。何况韩信在楚地礼贤下士，招降纳叛，收买人心，其意欲何为，这让刘邦寝食难安，于是便有了韩信的云梦之擒，废王为侯。即管韩信的实权被剥夺，但韩信仍然是刘邦最不放心的人，所以终于难逃被处死的下场……

东汉宦官蔡伦：发明家服毒自尽质疑

东汉的蔡伦是个宦官，但他还是个发明家，是一个从宫廷权力斗争阴影中走出来的伟大发明家。他给世人留下许多谜：年幼的蔡伦为何要做宦官？他是如何被卷入宫廷权力斗争的政治漩涡的？一代伟大发明家最终为何服毒自杀？

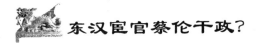

东汉宦官蔡伦干政？

众所周知，四大发明是中国的骄傲。说起四大发明，就不能不提到造纸术的发明者或改进者蔡伦。可是却很少有人了解蔡伦的人生轨迹，而他的最后归宿就更不为人所知。

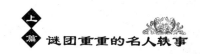

公元 75 年，出生于湖南耒阳农民家庭的蔡伦不幸被选入宫中，被净身做了太监。

小蔡伦从进宫的那天起，勤奋工作，第二年，就当上了小黄门。不久，蔡伦就被提升为主管公文传达的黄门侍郎，有了接触帝后妃嫔、王公大臣的机会。

当时，汉章帝的窦皇后没有生儿子，所以她一看见有了儿子的妃嫔，就妒火中烧，想方设法迫害他们。窦皇后先指使蔡伦诬陷太子刘庆的母亲宋贵人"挟邪媚道"（就是借助歪门邪道迷惑皇上），逼她自杀，并将太子废为清河王；接着她又安排人写匿名信，陷害皇子刘肇的母亲梁贵人，并强行将尚在襁褓之中的刘肇带走，当成自己的儿子，并让皇帝立其为太子。对于蔡伦来说，宋贵人之死为他带来了意想不到的高官厚禄，但同时也为他后来的悲剧人生埋下了伏笔。

公元 88 年，汉章帝驾崩，10 岁的刘肇继位，这就是汉和帝，由以前的窦皇后垂帘听政。窦太后一掌权，蔡伦被提拔为中常侍，随时陪在小皇帝身边，参与国家大事，俸禄两千石。

十年之后窦太后薨逝。邓皇后是个才女，喜欢吟诗作赋，舞文弄墨，同时她又是一个喜欢节约、不尚奢华的人，所以她非常需要一种比帛纸省钱，质地又好的纸张来写字画画。从小就聪明伶俐的蔡伦，专心改进造纸技术。他总结西汉以来的造纸经验，利用树皮、破布、麻头、鱼网等原料精心制造出优质纸张，受到皇帝皇后的嘉奖，造纸术也因此在东汉全面得以推广。

公元 107 年刘祜当皇帝，刘祜是清河王刘庆的儿子，刘庆是被废的

皇太子，而他的被废和他母亲宋贵人的被害正是窦皇后的杰作。

　　小皇帝只是个前台任人摆弄的傀儡，蔡伦表面上的好日子还可以继续维持下去。他被封为"龙亭侯"，步入了王公贵族的行列。后来，他又当上了长乐太仆，这个职位可不简单，因为只有最受太后信任的人才能胜任。

　　就在蔡伦忐忑不安的时候，邓太后丢下他撒手而去了，汉安帝亲政了，蔡伦的好日子终于到头了。蔡伦是个要面子的人，觉得与其坐而待毙，受辱而死，还不如自行了断，一了百了，于是他选择了自行了断。

　　公元121年，为造纸术的发展做出了重大贡献的杰出科学家蔡伦在京都洛阳非正常地死亡了。

　　据《后汉书·蔡伦传》记载，蔡伦主管尚方期间，曾"监作秘划及诸器械，莫不精工坚密，为后世法"。近代考古发掘的实物也证明确实如此。尚方令本来是少府属官，主管刀剑等各种宫廷御用器具的制造，与中常侍高位根本不相称，但蔡伦对帝、后喜欢的器物尽心竭力地精心制做。邓后喜欢文史和纸墨，曾令各州郡岁贡纸墨。蔡伦也正因此而成为促进东汉造纸术发展的关键人物。由于职务上的关系，蔡伦得以有观察、接触生产实践的条件。每有空闲，他就闭门谢客，亲自到作坊进行技术调查，学习和总结工匠们多年积累的丰富经验，再加上他自己的聪颖创新，对发展当时的金属冶炼、铸造、锻造及机械制造工艺起到了不小的推动作用。如当时的钢刀制造以炒铁为料，经多次锻打而百炼成钢。当时所制造的器物在质量、性能及外观上确实是精工制造，堪为后世仿效。但是，蔡伦对工艺技术最突出的贡献，还是在造纸方面，蔡伦对造纸的

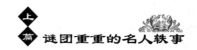

贡献大致可从三个方面来评述。第一，组织并推广了高级麻纸的生产和精工细作，促进了造纸术的发展。第二，促进皮纸生产在东汉创始并发展兴旺。第三，因受命于邓太后监典内廷所藏经传的校订和抄写工作，因而形成了大规模用纸高潮，使纸本书籍成为传播文化的最有力工具。造纸术是我国古代科学技术的"四大发明"（指南针、造纸术、印刷术、火药）之一，是中华民族对世界文明做出的一项十分宝贵的贡献，大大促进了世界科学文化的传播和交流，深刻地影响着世界历史的进程。

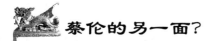

蔡伦的另一面？

宫廷内弄权的行为并不能因此否认蔡伦所创造的价值，相反，创造价值的存在也不能成为判断一个人品格的唯一标准。蔡伦虽然是个宦官，但他发明了影响世界文明进程的造纸术，所以在美国畅销书《影响世界人类历史进程的100名人》中，蔡伦排名第七，在中国名人中，他仅次于孔子。正因为蔡伦并非大人物，于是秉承"君子不蔽人之善，不言人之恶"的原则，蔡伦历来都被当做正面人物来看待。

蔡伦十几岁就入宫当了太监，或许因为智商较高，很快升至主管公文传达的黄门侍郎，继而成为宫中实力派窦皇后的亲信。窦皇后虽然有

势力却没有生儿子，宋贵人的儿子为当朝太子，窦皇后生怕日后宫内一把手的地位被宋贵人取代，于是策划了一起"巫蛊"案，诬陷宋贵人迷惑皇上。此案由蔡伦主审，结果蔡公公对宋贵人姐妹严刑拷打，终于让她们认了罪。蔡伦在"起诉书"中建议皇上判处宋贵人姐妹绞刑，最终宋氏姐妹在牢里含冤服毒自尽。多年以后，宋贵人的孙子汉安帝刘祜继位，准备清算蔡伦的罪行。蔡伦当年曾经亲自整过人，知道什么叫"生不如死"，于是自己服毒送了命。

许多人认为，蔡伦是中国伟大的发明家，冲着他发明造纸术的历史贡献，区区冤杀两个中年妇女实在只是"小节"。再说，当年他如果不顺从窦皇后会怎样？多半会被杀头，至少流放，那么蔡伦没有机会发现造纸术了。

除了造纸术，蔡伦还造出了中国第一把尚方宝剑，可是剑再锋利，它本身并不能判定人间善恶，持剑之人有正义的思想才能保证尚方宝剑的正义。

若说蔡伦是伟大的科学家，自然不会有任何异议，因为造纸术位列中国人的"四大发明"之首，公元105年，他用树皮、破布、麻头、鱼网造出纸张，呈送给汉和帝，受到奖励，官封龙亭侯（今陕西羊洋县），后人戏称之为"蔡侯纸"。他的发明也因此推广开来。

在蔡伦之前，中国人把字写在竹简上，文人（例如孔子）出行要用车载书，因此才有"读万卷书，行万里路"之说。而西方人则把字写在羊皮纸上，后者稀少而昂贵。蔡伦发明造纸以后，中国才有了写字用的桌子，随后中国（特别是唐朝）的繁荣昌盛恐怕也与此有关。

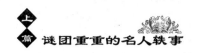

但蔡伦却是宦官出身，成名以后，卷入宫廷斗争，和帝死后，汉安帝亲政后，要他到廷尉那里去自首。蔡伦为了避免受辱，于是洗浴全身，换上整洁的衣冠，服毒自尽。

相比诗人屈原的自杀，后者已经尽人皆知，且已经有节日纪念，而蔡伦的自杀不大为人所知，而其影响力却是世界性的。有意思的是，今天的中国有两个蔡伦墓，一个在他的封地陕西，另一个在他的故乡湖南。世界上有许多国家都发行过纪念蔡伦的邮票。

值得一提的是，当年中国官方对蔡伦发明的造纸工艺严格保密，那么它是如何传到西方的呢？原来在公元751年，在今天哈萨克斯坦中部的江布尔，唐朝军队与阿拉伯人打了一仗，结果输了。在被捕的人中有几个造纸匠人，他们被关在（今乌兹别克斯坦）撒马尔罕的监狱里，他们受不了严刑拷打，供出了造纸工艺。

之后，阿拉伯人就掌握了造纸技术。至于后来如何传入欧洲，这与阿拉伯帝国的庞大有关。说来也巧，大约都是在12世纪，中国的造纸术就如同印度人发明的"阿拉伯数字"那样，经过阿拉伯人之手，沿逆时针方向绕过地中海（经中东、北非、西班牙）到达欧洲。

卷入宫廷斗争漩涡之谜

如果没有蔡伦发明造纸术，很难想象大量的历史资料能详尽地保留下来。遗憾的是，立下盖世奇功的蔡伦，却没有得到应有的"善待"，《后汉书·蔡伦传》只用280个字就草草地打发了他。更令人叹息的是，蔡伦的出生年、月、日至今仍是个谜。

蔡伦到皇宫当太监的原因主要有两种说法：一是他为生活所迫到皇宫混口饭吃；二是因父亲被杀而被阉入宫。蔡伦的父亲名叫蔡雨亭，是楚王刘英的谋士。东汉明帝永平十七年（公元74年），楚王刘英被诬告有谋反行为，蔡雨亭亦被牵连，其子蔡伦因此被阉入宫，这是第二种说法的来历，也就比较有历史真相的说法。从蔡伦入宫当差开始，洛阳就成为蔡伦最重要的人生舞台。

东汉是中国历史上一个"独具特色"的朝代，皇权大部分时间被外戚和宦官轮流操控，所以就有了以士人和太学生为代表的正义力量的抗争以及当权者的不断镇压，政治上的黑暗可想而知。

我们需要穿越层层历史的迷雾，去认识一个真实的蔡伦。

尽管东汉时期宦官把控朝政，是东汉时期最大的弊端，但是个人品

质都有好坏优劣之分，宦官当然也不例外。《后汉书·宦者列传》中就给部分"优秀宦官"打了高分：吕强"为人清忠奉公，辞让封侯"；赵访"为人清忠，不争威权"；吴伉"博达奉公"……在《蔡伦传》中，史家赞扬他"有才学，尽心敦慎，数犯严颜，匡弼得失"，体现了蔡伦为人正直、办事认真、敦厚慎重、好学多才的的一面。蔡伦作为一名宦官，在世俗偏见的沉重压力下，能够发明造福千秋万代的蔡侯纸，不能不让后人对他由衷地钦佩。

但是，蔡伦作为宦官，在东汉特定的历史时期，不管他愿意不愿意，都必然要被卷入政治漩涡。

蔡伦入宫时，东汉王朝的第二个皇帝汉明帝刘庄驾崩，太子刘炟继位，即汉章帝。蔡伦到皇宫后，从最基层的工作干起，职务是"给事宫掖"，主要任务就是担任嫔妃们的侍从兼警卫。虽然地位卑下，但蔡伦很聪明，而且很有人缘，并和一个名叫郑众的宦官交上了朋友。郑众入宫早，所以他对蔡伦来说，既是一个能照顾他的好朋友，同时也是他在皇宫中步步高升的"领路人"。蔡伦入宫不久，郑众就升为小黄门，很快又升为中常侍（传达诏令、管理文书的官）。有郑众在前面带路，蔡伦一步步地踏上政治舞台的聚光灯下。

蔡伦入宫后不久，汉章帝纳窦勋之女为贵人，次年立为皇后，住在长秋宫，蔡伦奉命伺候。从此，他就卷入宫廷的权力斗争漩涡。

窦氏不仅长得花容月貌，而且受过良好的教育，6岁时就能写文章，是一个难得的才貌双全的女人。颇有心计的窦氏在皇宫中处理事务游刃有余。她很善于针对不同对象采取不同的策略，譬如伺候汉章帝时风情

万种，晋见汉章帝的母亲马太后时"进止有序"，轻而易举就博得了汉章帝和马太后两人的欢心。入宫不久，她就从众多嫔妃中脱颖而出，坐上了皇后的宝座。

在皇宫这个女人成堆的地方，是一个暗流汹涌的龙谭虎穴。皇后的位置对众多嫔妃而言太具诱惑力，不会因为有了皇后，嫔妃们就失去了理想和斗志，相反，皇宫中残酷的争斗永远不会停止：坐在皇后宝座上的人，必须时刻提防着其他女人的暗算，而众多不服输的嫔妃则随时准向皇后宝座展进攻。

窦氏虽然天生丽质，却不能生育，这对一个皇后而言，实在是一个致命的缺陷，同时也更凸显出皇帝身边那些生了男孩的妃嫔的优势。当汉章帝身边的宋贵人生下皇子刘庆后，汉章帝就急忙在第二年立刘庆为皇太子。这对窦皇后来说，是一个极大的打击，窦皇后便与母亲及兄弟密谋，陷害宋贵人。她除了派人监视宋贵人及其家族人员外，还在汉章帝面前吹风，离间汉章帝与宋贵人的关系。没有生育能力的窦皇后，却很有能力搬弄是非。在她的精心导演下，汉章帝很快就疏远了宋贵人，这也为窦皇后斩草除根提供了有利条件。

公元 82 年，机会终于来了。宋贵人因患病写信向家里索要菟丝子药材，窦皇后的特务网络马上行动起来。宋贵人的家信被拦截后，窦皇后又"移花接木"，向汉章帝诬告宋贵人放蛊诅咒，并唆使别人向汉章帝密报，汉章帝也稀里糊涂同意追查此案。欲置宋贵人于死地的窦皇后计谋得逞后，马上指定蔡伦来审理此案。

当时的蔡伦，还是一个不善于处理棘手问题的年轻人，但他却不幸

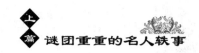

成了宫廷斗争中的棋子，为了迎合窦皇后，他使用严刑迫使宋贵人招供，迫使宋贵人不得不自杀。后人也许会因此责怪蔡伦，但在当时的特殊背景下，他也许别无选择，这也为他后来被迫自杀埋下了伏笔。

逼死宋贵人是窦皇后一系列行动中的一个重要步骤。这个很有政治手腕的女人，在逼死宋贵人之前就通过威逼利诱等手段，让梁贵人之子刘肇"变成"了她的养子，事态的发展按照窦皇后的策划顺利地进行。宋贵人死后，太子刘庆被废，汉章帝在窦皇后的要求下，改立刘肇为太子。为了彻底断绝太子刘肇与生母的亲情关系，窦皇后又用匿名信诬陷梁贵人的父亲梁竦图谋不轨，导致梁竦被诛杀，梁贵人也因此忧郁而终。

公元 88 年，汉章帝驾崩，10 岁的刘肇顺利登基，成为东汉的第四个皇帝汉和帝，窦太后理所当然地垂帘听政，一个擅长耍阴谋诡计的女人走上了东汉的政治舞台。此时的蔡伦，被窦太后看作"自己人"，因而被提拔为中常侍，随侍幼帝，参与国家机密大事的决策，地位与九卿等同。但地位显赫的蔡伦，此时也与"不得人心"的窦太后暗暗拉开了距离，这说明蔡伦对自己的行为并非没有是非判断。

东汉历史上有一个很有趣的现象：外戚专权时，皇帝身边只有宦官可以谋事，宦官专权时，皇帝只有依靠自己的亲人即外戚，于是外戚与宦官就分别成为皇帝用以打压对方的工具。汉和帝即位的第二年，窦太后之兄车骑将军窦宪破匈奴有功，窦氏家族成员因此更加骄横。汉和帝心里当然不是滋味，更何况这个母后还是陷害自己生母的仇人。另一方面，随着年龄的增长和阅历的增加，汉和帝逐渐形成了自己的政治理

念，当然对外戚专权有所不满，这对权力欲极强的窦太后而言，是一个危险的征兆，于是她与兄弟密谋，准备杀掉汉和帝。汉和帝也不是省油的灯，他闻讯后，立即与郑众、蔡伦等亲信商议，为窦氏家族布下了天罗地网。

东汉永元四年（公元92年），汉和帝乘窦宪班师回京之机，收回窦宪的大将军印绶，并将窦氏党羽杀的杀抓的抓，大势已去的窦太后也被迫交出皇权。郑众和蔡伦因协助和帝诛窦氏有功，分别受到嘉奖，郑众升大长秋（皇后近侍，掌管宫中事宜），蔡伦加位尚方令（负责制造宫中御用器物）。窦太后抑郁而终，汉和帝终于名正言顺地亲理政事了。

东汉王朝的权力重心似乎一直在外戚和宦官之间摇摆。东汉永元十四年（公元102年）十月，汉和帝立邓绥为皇后，外戚的权力又逐步渗透到宫廷之中，作为宦官的蔡伦自然要全心全意地为邓皇后服务了。

《后汉书》及后代历史学家对邓皇后的评价是肯定的。她在位期间，组织文人编写《东汉名臣传》，下令表彰奉公惠民的洛阳令王涣，屡举方正敦厚仁贤之士，将广成苑、上林苑内的空地给贫民耕种。她以历史上外戚权大受诛为鉴，准许其兄弟功成身退，返归故里。

邓皇后还有一个特点：喜欢舞文弄墨。正是在她的影响和鼓励下，蔡伦发明了对人类文明发展影响深远的蔡侯纸。不过，此时已是人到中年的蔡伦性格也日趋平和，他在宫中度过了近二十年的平静岁月。

公元105年，汉和帝突然驾崩，太子刘胜本该继位，因他身患重病，邓太后只好将只有8个月大的次子刘隆立为皇帝，自己临朝称制。可惜刘隆命短，不久就夭折了。邓太后与兄长邓骘商议后，决定扶清河王之

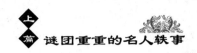

子、13 岁的刘祜即位，是为汉安帝，邓太后仍临朝称制。

刘祜即位对蔡伦来说，是个不祥之兆，蔡伦当年逼死的宋贵人，就是刘祜的祖母。在刘祜眼中，如果不是窦太后及蔡伦的迫害，不仅祖母宋贵人不会死，父亲刘庆的太子之位也不会被废，因此，他视窦太后和蔡伦为不共戴天之仇人。窦太后虽死，但蔡伦尚在，此仇一定要报。不过，历经劫难的刘祜城府很深，即使坐上皇帝的宝座，他也没有马上报仇，他知道身后还有一个垂帘听政的邓太后，如果急于求成，可能适得其反。所以，他一直在忍耐，等待跟蔡伦新账、旧账一起算的机会，甚至还按邓太后的旨意，封蔡伦为龙亭侯，并升为长乐太仆，让他成为邓太后的首席近侍官，继续留在宫中。

公元 121 年，邓太后驾崩。汉安帝终于等到了复仇的这一天。办完丧事后，蔡伦就告别京都洛阳，回到陕西龙亭自己的封地。然而，他刚到龙亭，就接到安帝诏令，要他自己到廷尉受审。蔡伦知道自己在劫难逃，沐浴并整理好衣冠后服毒自杀。一个伟大的发明家成了封建社会权力斗争的牺牲品。

蔡伦为何在光环背后不得善终？

《后汉演义》一书，对蔡伦和张衡这两位东汉时期的发明家都有记载，对张衡称颂有加，但对蔡伦发明的造纸术只作了简略描述，而对他在宫廷中为虎作伥所扮演的丑恶角色却写得非常详细。

众所周知，蔡伦是我国四大发明家之一，他发明的造纸术，享誉国内外，被世人誉为"蔡伦纸"，至今还在称颂。但他曾有的一段不光彩的经历，可能少有人知。

十几岁的蔡伦招入宫中后，由长乐宫的普通太监提升到小黄门、中常侍、太仆，封为龙亭侯，从底层、中层到高级太监。除了他在掌管皇家手工业的尚方令任上，有造纸术发明的卓越贡献外，与他在参与汉章帝刘炟正室窦皇后陷害宋贵人的宫廷阴谋中，办事得力，对窦皇后建功有关。而他最后自尽于汉安帝刘祜之手，也与此息息相关。

汉章帝刘炟的正室窦皇后毕生无嗣，而一直取悦于马太后的宋贵人却生得一子——刘庆，并在马太后的主张下立为储君。在此情况下，窦皇后眼见自己的地位将要受到动摇，就心怀叵念。马太后一死，窦皇后自恃恩宠，权倾六宫，制定了图谋宋贵人的计划，她指使宫女、太监暗

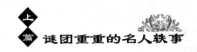

中窥探宋贵人的动静，千方百计搜罗陷害宋贵人的把柄，加速秘谋的步伐。

事有凑巧，宋贵人偶然染病，需要买一味中药"菟丝子"作为药引子。也许宋贵人早有戒心，她没有通过御医购买，而是修书一封，令侍女送出宫外，叫娘家人购买。万没料到，这封家书被蔡伦等把门的太监截得，即将宋贵人写有"速求生菟，入宫为引"（意为叫家人求得菟丝子，送进宫，我要做药引子）的家信交给了窦皇后，这八个字便成了窦皇后肆意污陷并扳倒宋贵人的把柄，在这其中，蔡伦受窦皇后利用充当了得力的打手。

第一步，蔡伦为迎合窦皇后，推波助澜歪曲宋贵人"速求生菟，入宫为引"的事实，捏造了所谓大宋贵人要诅咒皇后的意图。同时，家信又被进奉皇上，皇帝亲自御览宋贵人写有"速求生菟，入宫为引"的家信。中了邪的汉章帝刘炟，对宋贵人由半信半疑、不以为然，到渐渐生厌，深信不疑，起了了断宋贵人的念头。最后，被窦皇后灌了迷魂汤的汉章帝刘炟，竟然不辨其中是非，批准了窦皇后指使策划的"详加侦查大宋贵人诅咒皇室、通书宫外"的奏议，对宋贵人严加钩考。该奏议把宋贵人描绘成了一个意图险恶、证据属实、大奸大恶的巫婆。不久，皇上下诏，废储君宋贵人之子刘庆为清河，立汉章帝刘炟的梁贵人之子刘肇为皇太子。宋贵人随即被禁锢于丙舍（犯有大罪将死之人置于此地）。

第二步，宋贵人禁锢丙舍后，从来没有承认自己有厌胜之举，矢口否认诅咒宫廷。为防止宋贵人东山再起，不负窦皇后嘱托，通过逼供蔡伦泡制了一份按有大宋贵人鲜红手印的所谓诅咒属实的供词，作为永世

不得推翻的铁证逞送给汉章帝刘炟御览，进而，窦皇后再将宋贵人送至暴室，打入政治冷宫。蔡伦接到皇上诏书，来到暴室向大宋贵人宣读了汉章帝的圣旨，再次把莫须有的罪名强加在宋贵人身上，说她"生性凶险，贪恣暴虐，私交宫外，妄求生菟，诅咒朝廷，作恶多端，罪孽累累"。又说："念其身为清河王（刘庆）生母，格外开恩，优柔日久，未能及早处置，不料竟不思悔悟，心怀诽怨，以至于斯。"旨书下令将宋贵人着即赐死。宋贵人冤无可诉，悲痛欲绝，愤不欲生，端过鸩酒，一饮而尽，顷刻倒地毙命，含冤了却一生。

刘庆被废、大宋贵人之死，使窦皇后大功告成。

汉章帝刘炟驾崩后窦皇后从梁贵人那里抢来的10岁养子刘肇继承了皇位，窦皇后作为皇太后便独揽大权，对厌胜事件中侦办得力的蔡伦，自然少不了他的好处，很快由小黄门升任为中常侍。此后，蔡伦有10年时间，掌管着皇家的手工业制造，成功地发明了造纸术，成为了世界文化史上里程碑式的人物。

窦太后驾崩，在位17年的汉和帝刘肇也訇然死去。刘肇的皇后邓绥立的皇帝汉殇帝刘隆，两岁夭折。接下来，又立了13岁的汉安帝刘祜继承大统，这汉安帝就是被窦皇后废除的清河王刘庆之子、大宋贵人的孙子。

刘祜即位后，羽翼未丰的他一直听任邓太后的摆布，虽知前仇，但等待时机，隐忍不发。蔡伦在临朝训政的邓太后的荫庇下，一度相安无事。邓太后驾鹤西去，汉安帝刘祜亲政，重权在握的他，不可能不为自己的亲人报仇。而蔡伦正是废除刘祜之父刘庆和逼死刘祜祖母大宋贵

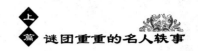

的直接参与者，刘祜回溯前冤，特令伦"自诣廷尉，追究罪状"。

从刘祜即位那天起，蔡伦就意识到大难即将到来，难免受辱，与其等死，不如自行了断。在刘祜准备拿他追究之际，蔡伦沐浴更衣，饮药毕命。蔡伦自尽，也使汉安帝刘祜铲除了心头大患，替亲人报了仇。

30年后的汉桓帝刘志，念蔡伦发明造纸有功，下令为蔡伦平反，命史官为其立传。

汉武大帝刘彻：立子杀母秘闻

"立子杀母"从本质上说是一种残酷的制度，一个又一个年轻母亲的生命就此被葬送了；但不立子杀母，却又真的造成了女主专权乱政，给国家带来了祸害。"立子杀母"究竟是耶非耶？恐怕凭一个简单的"是"或"非"是很难断言的。

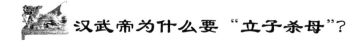

汉武帝为什么要"立子杀母"？

历史上的封建王朝在王位继承过程中，固然多有母以子贵的现象，但是，立子杀母的现象也曾存在过，主要流行于北魏建国初期，其实此种做法滥觞于西汉之武帝。

汉武遗嘱，令立太子刘弗陵，是为昭帝，而杀其生母钩弋夫人。当时有人提出疑问，汉武帝说，往古国家所以变乱，往往是由于主少母壮。女主独居骄蹇，淫乱自恣，没有什么力量可以制约，你们没有听说过吕后事件吗？对此，早有论者指出："自古帝王遗命多矣，要未有如汉武之奇者。"（明人张燧《千百年眼》）汉武托口吕后擅权之殷鉴，其实，以吾读史心得揣度之，汉武帝作出如此残忍的决定，当与其早年祖母秉政时，自己形同傀儡有关。

汉武十六岁继位，因上有威望颇重之太皇太后窦太后处处掣肘，志不得申，其中彰明较著见于正史：

"而上乡儒术，招贤良，赵绾、王臧等以文学为公卿，欲议古立明堂城南，以朝诸侯。草巡狩封禅改历服色事未就。会窦太后治黄老言，不好儒术，使人微得赵绾等奸利事，召案绾、臧，绾、臧自杀，诸所兴为者皆废。"（《史记·孝武本纪》）

"是时天子方好文词……，则以（申公）为太中大夫，舍鲁邸，议明堂事。太皇窦太后好老子言，不说儒术，得赵绾、王臧之过以让上，上因废明堂事，尽下赵绾、王臧吏，后皆自杀。申公亦疾免以归，数年卒。"（《史记·儒林列传》）"二年冬十月，御史大夫赵绾坐请毋奏事太皇太后，及郎中令王臧皆下狱，自杀。"（《汉书·武帝纪》）

《汉书》注引应劭则说得更清楚："《礼》夫人不豫政事。时帝已自躬省万机；王臧儒者，欲立明堂辟雍；太后素好黄老术，非薄《五经》，因欲绝奏事太后，太后怒，故杀之。"

汉武钟情之儒术，太后非薄之；汉武奖拔之儒士，太后杀之；臣下欲

归权于汉武，太后恋栈之。窦太后衷情于黄老之术当受其夫汉文帝之影响，而汉武向往儒术，与其背道而驰，因而处处受其压制，一腔报复无法伸展，因而其祖孙之感情必不甚佳，甚且汉武在内心深处有一股无法向外人道的仇恨，待窦太后一旦撒手西去，汉武即大施其拳脚："后六年，窦太后崩。其明年，上徵文学之士公孙弘等。"（《汉书·武帝纪》）

汉武早年深受女主垂帘之害，因此深恶痛绝之，更不愿自己的子孙重蹈覆辙。否则怎忍将平素最钟爱的妃子赐死？此间隐衷，颇耐人寻味。

"立子杀母"为汉武帝刘彻首创。刘彻为何立子却要杀母呢？那就得从刘邦的妻子吕后说起了。

汉高祖刘邦死后，其子刘盈继位，是为惠帝。惠帝当时才十七岁，而且体弱多病，因此政权一直就操纵在吕后的手中。惠帝做了七年有名无实的皇帝之后死去，吕后又另立了两个傀儡小皇帝刘恭和刘弘，不久也都被废掉。吕后以女主的身份称制，实际掌权达十六年之久，差一点让刘氏天下变成吕氏天下。汉武帝就是吸取了这个惨痛的历史教训，为防患于未然，才制定了这个"杀母立子"的残酷制度的。

汉武帝是汉朝在位时间最长的一个皇帝，总共做了五十四年皇帝，然而他在晚年却疑心很重，在佞臣江充制造的巫蛊事件中，废黜了太子刘据，逼得长子刘据自杀身亡。汉武帝虽有六个儿子，但太子死后，他对其他儿子都不太满意，为嗣君问题伤透了脑筋。最后他只能把眼光锁定在晚年所得的幼子刘弗陵身上，但此时刘弗陵只有五、六岁，他又担心刘弗陵的母亲会在他死后专权，动摇刘氏的天下。于是就盟生了这个

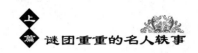

杀母立子的念头。

据《史记》、《汉书》和《资治通鉴》的有关记载，刘弗陵的母亲原是赵地河间的一位美女，天生丽质。只是据说从小就双手紧握，谁也无法扳开。武帝巡狩河间时，闻听此奇女，遂使人召见，并亲自去扳她的手。谁知只是轻轻一扳，那女子的双手就分开了，从此就得到了武帝的宠爱，号为"拳夫人"。后居钩弋宫，又称钩弋夫人。生刘弗陵时怀孕十四个月，武帝以为与尧母怀尧之时间相同，因而命其所居之门为"尧母门"，而视刘弗陵为神灵所降，因而特别宠爱。刘弗陵也长得"壮大多知"，十分可爱。武帝常常说"类我"，早就有意立他为嗣，只是一直担心以后其母会专权乱国而犹豫未决。至戾太子事件后，才决定先杀其母再立其子。于是有一天，他便借一个小小的过失怒斥钩弋夫人，下令把她送到掖庭狱治罪。钩弋夫人不明所以，回头顾盼。武帝却只是怒喝："趣行，当不得活。"钩弋夫人死后，钩弋夫人之子就被立为太子了。

钩弋夫人赐死后，有人对杀母立子的做法不能理解，《资治通鉴》记载了武帝的一段解释："是非儿曹愚人所知也。往古国家所以乱，由主少母壮也。女主独居骄蹇，淫乱自恣，莫能禁也。汝不闻吕后邪！故不得不先去之也。"

自此以后便多有沿袭此制者。如鲜卑族拓拔氏建立的北魏政权，就比较典型地沿用了这个制度。当时的后妃都不愿生太子，因为母以子贵成了母以子死。道武帝的宠妃刘贵人生太子拓拔嗣后即被赐死。然而孝明帝母胡太后（亦称灵太后），居然能使宣武帝在去世之前立七岁的元翊为太子时，废了这个传统（有人说是因为宣武帝信佛，不忍杀生而废

的。）。元翊继位后，胡太后便以太后的身份临朝称制，专擅国政，与内宠结党营私，并与其小叔子清河王元怿等人淫乱宫帏，最终竟与人合谋鸩杀亲子孝明帝。这种结局真的被汉武帝说中了。

清朝咸丰也差一点行杀母立子的制度。咸丰六年，清文宗宠妃那拉氏生子载淳，当立为太子。大臣肃顺等人担心那拉氏一旦成为太后就会恃势专权，劝咸丰效法汉武故事以绝后患。咸丰帝犹豫未决。临终时给了皇后钮钴禄氏一道密诏，若那拉氏真有越轨行为，即可立即赐死，以绝后患。咸丰不能自己在生前绝此后患，却把难题留给了东宫，东宫哪里是西宫的对手呢？所以十九世纪的中国又一次被汉武帝不幸而言中了。

"杀母立子"从本质上说是一种残酷的制度，一个又一个年轻母亲的生命就此被葬送了；但立子不杀母，却又真的造成了女主专权乱政，给国家带来了祸害。"立子杀母"究竟是耶非耶？恐怕凭一个简单的"是"或"非"是很难断言的。

 细说汉室母后与帝王秘闻

如果杀太子生母就可避免母后干政，那汉高祖及明太祖大杀功臣，是否就可避免权臣乱朝呢？所谓因噎废食，就是指因小失大，而且徒劳

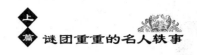

无功，于事无补。

失去母亲的幼子，在人生成长历练上，必定少了母亲的影响。帝王之家已是天生缺少人伦之氛围，再用人工手段铲除其母，难怪帝王处事治国多不正常，帝王的心理变态多源于幼年时期的心理阴影。

汉武帝前后的政局，就是最好的史例。文景二帝皆受其母影响，政治安定足以行黄老而治天下，这里并不强调黄老或儒法，而是政治稳定到不影响国事及继承。至于汉武帝之后，外戚不喜长君（昌邑王不一定真的废淫无道），于是策立幼君，西汉从平帝暴亡到孺子婴扶立，因此西汉不得不亡。再看东汉，章帝策封三马为侯（如同西汉王氏一日五侯）时，还是皇帝多次恳求太后，而非太后干政大树党羽。后来大将军窦固及跋扈将军梁冀也是外戚出身，此时要说是母后干政，还不如说是外戚乱政。

皇帝年幼，母后只能大量任用亲戚，等到皇帝长大后，又任用宦官铲除外戚，于是成为外戚与宦官的争权。后来就有人认为，如果每杀太子生母，就可避免母后干政，而外戚没有母后的支持，也就萧条不振。最明显的就是北魏政权，杀母立子，故少母后干政，一但漏掉未杀，立刻酿成大错。但观北魏施政之残酷，故知缺少母爱的皇子的人格难于养成，北魏诸皇果然有如狼子而少人性。

两汉衰落并非因有母后而使外戚壮大，真正的原因在于皇权不振。

最有趣的例子就是曹操，按汉献帝曾纳曹操三女进宫，因曹操身分为外戚，故曰东汉亦亡于外戚之手。但是有人会说，曹操的成就不在靠背景沾光，而在其个人军事政治能力。两汉幼君之所以无法脱胎外戚的

影响，盖因皇帝本身的无能，而不在于是否杀他的母后。汉武帝杀钩弋夫人，结果汉昭帝还不是饱受外戚威胁，即使一直到汉宣帝，仍有外戚威胁，这就是杀母后并不能解决外戚问题的最好例证。但会有人说，此时外戚为霍光，身分应算权臣，杀掉权臣后就不会有乱，这也是另类的异想天开，若真能尽杀群臣，当然不会有权臣，但是君临天下，必用臣属，杀掉旧臣又换新臣，臣下的问题仍然存在，这应是管理众臣的皇帝出了问题，而不是臣属出的问题。

汉光武帝面临四州叛变，解决的方式不是杀光四州所有人民，虽然杀光是免除后患的最好选择，但是影响及祸害无穷，为求安定天下，汉光武帝选择稳定政策，所以东汉王朝因此政策巩固而长久。曹操虽是汉室外戚，但是影响天下不在其身分，而在其本身的过人能力；两汉皇权并非受到外戚、内戚或宦官太强势的欺凌，而是皇帝本身太懦弱。东汉幼君鲜少受到母后教育，生于深宫大院、长于宫女及宦官之手，宛如未受教育的失恃孤子（学问或有博士解经，但亲情却无人代劳），在无情的环境难以培养出既有仁爱之心又有干练能力的君主。

回头来看母后干政，这本是皇权独尊的问题（不容母后干政及权臣乱政等），而非有母后与无母后的问题。皇权要是管不住亲人，就算杀掉母后，也会有外戚问题。

钩弋的野心，就在于围绕着她而产生的两个大谎言，尤其是那个刘弗陵十四个月而生的谎言（参看《资治通鉴》）。如果没有夺嫡的野心，为什么撒这么一个巧妙又迎合武帝迷信心理的谎？撒这个谎的人不知道尧就是所谓十四个月生的么？这样那样的种种神迹，不就是向皇帝的宝

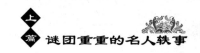

座凑近吗？不说别人，武帝的母亲王夫人就玩了一把吞太阳的游戏，后面的历史也证明了王夫人的野心。

历代史家都认为，江充是迫害卫太子刘据的罪魁祸首，江充和钩弋都是赵人，司马、班氏的史书都提到赵人爱结党，因此，有理由怀疑是江充出谋，钩弋来执行。

公孙贺一家闹巫蛊，公孙敬声和阳石公主私通，怎么把卫伉和诸邑给牵连进来了？卫青三个儿子，只有卫伉一个是带过兵的（书、史记载，太初三年，卫伉驻军庐亦），卫青去世时，卫伉早已经成年，和卫、霍的旧部关系应该比较近。而且卫伉是个天不怕地不怕的性格，江充把他扯进来，不过是怕他联络卫、霍的旧部起来闹事。

此外，卫青去世近两年，卫伉才嗣侯，一方面是卫伉可能不是卫青嫡子；另一方面，则是李广利征西域失利，迷信的武帝又萌生了从卫家找一个将才的心思。所以，卫伉嗣侯两年，就去匈奴边境守边疆去了。到天汉四年，卫伉再次失侯的第三年，才有李广利、李陵讨伐匈奴。征和年巫蛊之祸发生时，卫伉早已经服完了城旦刑期，随时有死灰复燃的可能。

综上所述，钩弋与江充合谋夺嫡，可能性极大。至于当时的人没有想到，主要是汉朝人迷信，不怀疑钩弋撒谎。再者，江充被卫太子杀死，客观上帮钩弋灭了口。巫蛊之祸，李广利和刘屈髦可能与江充合谋，也可能是因为卫太子死了才起心夺嫡。不过，李、刘的阴谋因为活动明显，被武帝识破，钩弋的野心却因江充的死而没有了对证。

立子杀母是怎么回事？

汉武帝一生共有六个儿子，其中齐王刘闳早夭，在巫蛊之祸中太子刘据丧命，昌邑哀王刘髆也在舅父李广利叛逃匈奴之后不久郁郁病死，武帝的继承人只能在他剩下的三个儿子中选择。

在这其中，三子燕王刘旦和四子广陵王刘胥都是另一位不得宠的李夫人所生。按年龄排序，燕王居长，于是他从封国内派出一位使者，试探性地向武帝上书，请求返回都城侍奉父亲。武帝大怒，认为有必要杀鸡给猴看，遂将倒霉的使者一刀两段，燕王因此没了指望。那么是不是就轮到广陵王刘胥了？然而武帝另有安排。

大约是在后元元年（公元前88）正月的一天，在甘泉宫中养病的武帝刘彻召来画师，画了一幅《周公负成王》图拿给群臣观看，众人这才大悟，明白了武帝的心思是想要册立最小的儿子刘弗陵。并将此图赐于霍光。当时几乎所有人都忍不住在心里羡慕年轻的钩弋夫人及她的家族将要一步登天。可是仅仅过了几天，甘泉宫里年轻的钩弋夫人便因一点小错而被刘彻送掖庭问罪，随即暴死，死后被小宦官草草葬于云阳。

刘彻为什么要这么做呢？用当时他的话来说是担心"母壮子弱"，

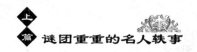

"恐女主颛恣乱国家"，为避免重蹈吕后覆辙，所以狠心将她处死，看来这位年轻貌美的赵女钩弋实在是一位薄命的红颜。可怜如花美眷，却含冤九泉。

但事实真相又如何呢？如果刘彻真的只因为担心"母壮子弱"而以小过谴死钩弋，人既已死，毕竟是后来的皇帝之母，为何身后事也如此淡薄？以至于后来刘弗陵都找不到生母的遗骨。想来应该有更深的原因。而从史书简单的记载来看，这位年轻的赵女钩弋也着实不是一位简单的人物，所以当刘彻从巫蛊之祸中清醒后，就对这位枕边人产生了怀疑。

首先从钩弋的入宫说起。她是赵国河间人，姓赵，正史中没有留下名字，钩弋是她的称号。父亲因犯法被处以"宫刑"，做了宦官，任中黄门。应该对皇宫内幕有所了解，而且在宫中也可能有些关系。于是在"巫蛊之祸"的前几年，赵姑娘被武帝亲自选入宫中。她的入宫也充满着神话色彩，当时武帝巡行至河间，忽然有一个术士声称此地有祥云瑞蔼，显示必有奇女生长于斯。武帝听后立即下令就地寻访，果然找到了这个美丽的少女。然而她虽然相貌美丽，却因从小患病而双手紧握成拳，谁也没法让她伸展。武帝亲自去尝试为她掰拳。于是奇迹出现：这双手很轻易地恢复成了健康的模样，更奇怪的是，在右手心里还紧紧地握着一只小小的玉钩。

这看起来的确是个奇迹，但想来只要有一点正常思维能力的现代人都能看出，这可能吗？一个迷信的皇帝用手一摸，就能张开从来也张不开的手，手里居然还藏着一枚玉钩，两个奇迹同时发生在一个人身上，这可能吗？只不过汉武帝对此深信不疑，立即将其纳入后宫，称作"拳

夫人"。果然，拳夫人很快就怀上了身孕，太始三年（公元前94），她为六十三岁的刘彻生下了最小的孩子刘弗陵，并因此进封为婕妤，号钩弋夫人，小皇子也被称为"钩弋子"。赵钩弋夫人所生的刘弗陵生具异征，足足在母亲腹中稳呆了十四个月方才降世。这令武帝大喜过望："昔闻尧十四月而生，今钩弋亦然。"立即将赵钩弋生子之处的宫门改名为"尧母门"。

如果说赵钩弋的入宫虽有欺骗成份，但也可能只是想骗得一场荣华富贵的话，那这个十四个月生子的谎言已经充分证明了她的野心。因为从医学角度说，胎儿超过十二个月就足够胎盘钙化，十四个月生下来的孩子会是个什么样子？最大的可能，就是赵钩弋勾结内庭宦官篡改了起居注，利用汉武帝年老迷信的心理，欺骗了他。而她所勾结的宦官应该就是在巫蛊之祸中最活跃的苏文。

而从宫门改为"尧母门"的这一刻起，赵钩弋的目标已经直接指向长秋宫的卫皇后和东宫的太子刘据了。此后巫蛊之祸发生，如果说江充构陷太子还是因为有旧怨的话，而苏文的极力参与就实在令人费解，因为作为一个宦官，苏文与刘据并无根本利害冲突，而且刘据是公认的宽厚仁慈之人，与江充有怨还想到和解，苏文与他并无旧怨，想来太子即位后也不会对他有什么危害。那他下死力的陷害只能说明他会因此而得到更大的利益。那还能有谁会比现在的太子、将来的皇帝能给他更多的好处呢？那应该就是本来不可能成为太子、成为皇帝的人，因为自己的帮助而成为太子，将来成为皇帝，才能给自己超过想象的利益。那这个人选是谁呢？燕王刘旦和广陵王刘胥都不受老皇帝的宠爱，可以排除；

昌邑王刘髆是李夫人所生，看起来最有可能，但由于他体弱多病，所以刘彻对他虽然宠爱，但并不对他抱有希望，而且他身边还有舅舅李广利，是位高权重，苏文肯定是争不过他的。那苏文联手的人已经很清楚了，那就是刘彻此时最宠的赵钩弋。而他们的计划也很明确，先利用李广利、江充等人之手陷害卫子夫与刘据，再利用机会扳倒李广利等人。

果然，巫蛊之祸使得刘据、卫子夫及整个卫氏家族、公孙贺家族均遭灭顶之灾；但随即又发生的一幕令众人想象不到，但细究起来却又顺理成章，当朝丞相刘屈氂与贰师将军李广利的密谋被一个宦官郭穰听得一清二楚，于是刘、李灭族，昌邑王刘髆也彻底地失去了宠爱，不久就死了。

这时，能令刘彻满意的继承人就只有钩弋夫人的儿子刘弗陵了，虽然年纪小，却长得健壮俊秀，而且聪明伶俐非比寻常。刘彻对这个比孙子还小的幼儿爱如珍宝，而且下定决心要册立这孩子做自己的继承人。

然而此时的刘彻早已经不再是那个迷信方术、追求长生不老的刘彻了，巫蛊之祸后，他痛定思痛，以他老辣的政治经验，自然就很清楚地看出了身边这个美艳如花的钩弋夫人的种种野心，以及她在巫蛊之祸中扮演的角色了。但他不能追究，因为一旦追究，掀起滔天大案是小事，刘弗陵继位的合理性必然要受到质疑。所以赵钩弋不能留，但不能用她本人的罪行处死她，所以他很简单地找了一个借口："母壮子弱"。

而当他用到了"母壮子弱"这个借口时，刘彻也将自己其他儿女的生母都统统除掉了——比之钩弋夫人，她们才是真正的无辜者，而且由于她们的儿子始终没有做皇帝的福气，她们虽然同样是因为生下皇子而

被处死，却死得更加无声无息。而没有生皇子只生公主的妃嫔就更是无辜。也许是为了不留下任何一个能够充当刘弗陵养母的女人（小皇帝的养母当然也有可能被立为皇太后），所以就连公主们的母亲也没有放过。而这血淋淋的一幕，只是在史书上留下了这样一句简单的记载："诸为武帝生子者，无男女，其母无不谴死。"（《史记》）

钩弋夫人被杀的第二年（公元前87）二月，七十岁的刘彻在五柞宫卧病不起。乙丑日，他正式册立刘弗陵为太子。两天后，他离开了人世，入葬茂陵。随后，七岁的刘弗陵即皇帝位，是为汉昭帝。

汉昭帝追封母亲为皇后、皇太后，发兵二万为母亲兴建"云阳陵"，迁三千户守陵。传说迁葬之日异香十里，打开棺材看时，里面没有尸身，只有一只丝鞋。这自然是后人附会，事实是刘弗陵根本无法找到生母的尸体。

昭帝随后又追封外祖父为顺成侯，迁陵户二百。赐姨妈赵君姁二百万赏钱以及大宅奴婢。钩弋夫人的表兄弟姐妹们虽然没有谁晋爵升官，却也都得到了丰厚的赏赐。但是，这一切，赵钩弋却是永远也看不到了。也许在她临死前的那一刻，她才明白，一个能对跟自己有着四十多年夫妻之情的卫子夫痛下杀手；能对跟自己有着三十多年父子之情的刘据痛下杀手的刘彻，又怎么可能在乎自己其他的亲人的性命呢？到头来，"机关算尽太聪明，终误了卿卿性命"，这也许就是赵钩弋最终命运的评语了。

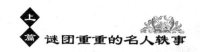

 "立子杀母"是汉武帝晚年的立储原则?

也许是一生杀戮太多的原故，晚年的汉武帝一直处于自责和忏悔之中，并在其中感悟到了权力可怕的一面。尤其是当国家权力掌握在一个权力欲超强的女人手里时，所表现出来的令人恐怖的面目，绝不逊于男人，甚至远远超过男人。而这一感悟，恰恰来自于他曾祖母吕雉当年的种种行为。为了制止这一可怕现象的出现，汉武帝晚年立下了"立太子，杀生母"的立储原则。

当年，刘邦的"革命事业"还未起步时，吕太公慧眼识"英雄"，把纯朴的女儿吕雉嫁给了比她大十五岁、尚未出人头地的刘邦。后来，刘邦在"楚汉战争"中击败项羽，当上了皇帝，吕雉也就一跃成了大汉皇后。汉十二年（公元前195年），汉高祖刘邦驾崩，十七岁的皇太子刘盈即位，是为汉惠帝。由于惠帝羸弱，国政大权便由吕太后执掌。此时，那位原本纯朴的姑娘，在权谋争斗的诡谲变化和保卫皇太子地位的"战斗"中，早已变成了一个心狠手辣的毒妇。为了翦除异己和消除心中积累的怨恨，手握"绝对权力"的吕太后，首先毒杀了曾经与她儿子争太子位的赵王刘如意。进而把如意的生母、刘邦生前的宠妃、她恨之如骨

的戚夫人，施以哑药，砍掉手脚，装入瓮中，且称之为"人彘"，并让自己的儿子惠帝刘盈前来观看。吕雉就是用这样惨绝人寰的手段，戕害了一个曾经与自己争宠的女人。随后，为了稳固自己的地位，吕后又害死了大部分刘邦其他嫔妃的儿子。

当皇位传到汉武帝这一代时，刘彻并没有忘记曾祖母当年的恶行。在他晚年，也就是征和二年（公元前91年），当卫皇后和太子刘据被酷吏兼小人江充以巫蛊之罪陷害，死于非命后，需要再立太子时，他做出了一个重要且极端的决定，即"子为储君，母当赐死"。汉武帝之所以要确定这一残忍的防范原则，就是谨防类似"吕后"这样垂帘涉政所导致的悲剧再度发生。

司马光在《资治通鉴·汉纪十四》中是这样记载汉武帝晚年立太子过程的：后元元年（公元前88年），"时钩弋夫人之子弗陵，年数少，形体壮大，多知，上奇爱之，心欲立焉，以其年稚，母少，犹与久之。"其译意为，老年刘彻的宠妃钩弋夫人的儿子刘弗陵，虽然年纪尚小，但身高体壮，好学多知，刘彻特别疼爱，想立其为太子，但考虑到弗陵年幼，而其生母还很年轻，因此犹豫再三。后来，汉武帝终于下定决心，在将钩弋夫人以罪赐死后，方才立刘弗陵为太子，即后来的汉昭帝。汉武帝对确立这一防范原则的初衷，是这样向大臣表述的："往古国家所以乱，由主少母壮也。女主独居骄蹇，淫乱自恣，莫能禁也。汝不闻吕后耶？故不得不先去（除）之也。"

汉武帝这一看似不通人情的残酷的防范原则，在封建专制社会的皇位继承中，却也有一定的预见性和合理性。虽然在以后的历史演变中遵

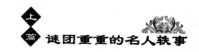

守这一原则的皇帝少之又少。

但后来的北方少数民族政权北魏却遵守了这一原则，每当皇帝欲立太子时，宫中必是哭声一片，因为，这意味着太子生母的生命行将结束。这种极具中国特色的"留崽去母"现象，到魏宣武帝准备立儿子元诩为太子时，却发生了变化。宣武帝不忍看到元诩的母后死于非命，动了恻隐之心，让这个幸运的女人止步于地狱的门槛前。然而，历史并没有因为宣武帝的恻隐之心而带来美好的回报，也没有因此翻开历史崭新的一页，却反而印证了汉武帝防范工作的正确性。这个幸免一死的女人，就是日后的胡太后，她不仅篡权涉政，而且荒淫无度，极尽房帏之淫事。最后，竟然在权力的诱惑与争夺中，杀死了自己的亲生独子。

不过，更彰显汉武帝"子为储君，母当赐死"这一防范原则正确性的，还有唐代的另一个女人，那就是武则天。与吕太后和胡太后不同的是，武则天从唐太宗的后宫才人到出家，再还俗到成为唐高宗的妃子——贵妃——皇后，直至皇太后；其演变过程的本身，就充满了阴谋和杀戮，这一过程早已提前验证了汉武帝防范原则的正确性。

从武则天为了取代皇后之位而栽赃王皇后，不惜掐死自己的亲生女儿算起，为了实现登上权力顶峰的梦想，她先后害死了自己的女儿、儿子、儿媳、兄弟、姐妹、侄女、孙女、姑母等不下二十人，被她害死的高官也有近百人。更惨无人道的是，她也用类似吕雉的残酷手段来对付唐高宗留下的宠妃萧良娣，把被剁掉手脚的萧妃投入酿瓮中，使之受尽屈辱折磨而死，还说是："令其骨醉"。林语堂在评价武则天时，是这样说的："谋杀既然成为了习惯，凶手对谋杀就失去了恐怖……在武则天

心里，屠杀就是伟大，就是权威。"

难道上天赋予女人禀性中温厚善良的母性，在膨胀的权欲面前竟然如此不堪一击？然而，汉武帝的防范原则在历史面前并没有由此终结，一千九百五十年后，又一个汉武帝防范原则范围内的女人出现了。与前几位相比，她不仅再次验证了汉武帝防范原则的正确性，同时，也由她终结了被她玩弄于股掌之中的满清王朝，这个女人就是叶赫那拉氏——慈禧太后。

晚清，是中国历史上最屈辱的一段时期，从甲午战争到八国联军，从《马关条约》到《辛丑条约》，曾经的泱泱大国被一次又一次地侵占和羞辱。光绪皇帝在维新派的影响下，企图以变法图国强。慈禧太后一开始并不反对变法，只是当她发现如此下去会动摇自己的权力基础时，便迅速翻手出刀，砍下了维新派六君子的头颅，扼杀了"百日维新"，并把光绪囚禁于瀛台，以确保自己的地位和绝对权力。

当八国联军快打进北京之际，仓皇出逃的慈禧太后，在自身难保的情况下，居然还下令把光绪的宠妃——珍妃扔下井去淹死。

难道女人善良的天性在权力的面前真的那么不堪一击？难道汉武帝的防范原则真的成了铁律？有西方学者在《政治中的人性》一书中是这样说的："绝对不可能从人性原则推断政治学。"这句话，也正好诠释上面的疑问。也可以这样说，以自然层面上女性的"善心"多于男性，来推断她们在政治层面上也会比男性更"善"，那就是太天真了。至少，在中国历史中我们没有看到这一点。

也许，汉武帝刘彻在两千多年前经过自己的无情杀戮后，就已经看

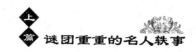

透了"政治中的人性"。不管怎么说，他的预先防范原则虽然很残酷，虽然是针对防范女人垂帘涉政的，但当我们忽略统治者的性别时，这一原则至少给予历史这样的警示：当权力失去制约而成为绝对权力时，罪恶就必然产生，不管统治者是男人还是女人。

 汉武帝"金屋藏娇"秘闻

"金屋藏娇"为何能改变幼年刘彘的命运呢？故事还得从刘彘的母亲王夫人说起；汉景帝前元元年（公元前 156 年），刚即位不久的刘启，一日深夜，忽得一梦：一头赤彘（猪）在祥云的笼罩下，从空中缓缓降入宫中；接着，高祖刘邦也飘然而至，对孙儿刘启说："王夫人生子，当取名为彘。"刘启猛然惊醒，原来是一场南柯梦。

王夫人，名娡，扶风槐里（今陕西兴平）人，身世复杂。其母先嫁王家，夫死后，改嫁田家，在两家都育有儿女。王娡在入选太子宫前，已嫁入金家，并育有一女；当其母听说东宫在民间采选美女，便将回娘家的王娡和她尚未出嫁的妹妹一番打扮，同送官府。王娡本就贪恋富贵，此时也顾不上什么名节，抛弃了丈夫和刚出生的女儿，便入宫去了。也许是当时贞洁观念并不像程朱理学大行其道之后那样深入人心，王娡姐

妹就这样顺利地进入了太子宫。

太子宫中本已有不少美女，除了薄太皇太后的侄孙女薄氏为太子妃外，受恩宠的还有美人栗姬、程姬等人。但太子刘启还是被新进的王娡姐妹姿色吸引，尤其是姐姐王娡更生得粉面桃腮、秋波似水，很快得到刘启的宠爱，不久便被封为美人，宫中称其为王美人。至刘启即皇帝位时，王美人已为刘启生了三个女儿。

就在景帝刘启梦赤彘入宫之后几日，刘启临幸王美人，又梦见神女捧日授与王美人，美人吞日入口中。醒后即告王美人，偏偏王美人也说梦日入怀，正与景帝梦兆相符（鬼知道是不是王娡编的）。谁知果然得应瑞兆，当年王美人便产下一子。景帝闻讯异常高兴，急忙赶到王美人宫中，仔细端详自己的第九个儿子。当王美人请皇上给儿子赐名时，景帝想起了曾梦到高祖的情景，便给新生儿取名彘。

刘彘就是后来大名鼎鼎的汉武帝刘彻。刘彘自幼聪明，三岁能背典籍，无遗漏，景帝大为惊异。一日，刘启把刘彘抱在膝头上问："我儿愿意当皇帝吗？"刘彘答："做皇帝不由儿臣，我愿天天在父皇膝前嬉戏，不失为子之道。"稚嫩的童音竟说出这样的话，让景帝深感惊叹："三岁小儿如此伶俐，真是天资聪颖。"再加上之前的梦中征兆，刘启有了立刘彘为太子的念头。

立太子乃国之根本，立本大事是不能草率马虎的。根据嫡庶长幼之序，尽管汉景帝喜爱刘彘，但太子的位子，按规矩是轮不到排行老九的刘彘的。

因薄皇后无子也无宠，而另一个宠妃栗姬的儿子刘荣则是长子，汉景帝在犹豫了两三年之后，在大臣们的再三催促下，加上栗姬也在刘启身上做足了工夫，汉景帝终于在前元四年（公元前153年），立长子刘荣为皇太子，同时封刘彘为胶东王。此时太子的母亲栗姬虽然还不是皇后，相比之下，比胶东王刘彘的母亲王美人更得宠。

前元六年（公元151年），汉景帝以薄氏无子为借口，废了早已失宠的薄皇后。在废后过程中使了不少坏，吹了不少枕头风的栗姬此时十分高兴，儿子是太子，母以子贵，眼看皇后宝座就要到手了。然而，"为山九仞，功亏一篑"。让栗姬功亏一篑的人，就是汉景帝刘启的姐姐，馆陶长公主刘嫖。

刘嫖是窦太后的长女，刘启的同母姐姐，她不仅受到窦太后的宠爱，与弟弟刘启的关系也非常好。长公主的丈夫是堂邑侯陈午，二人育有一女，名叫陈阿娇。长公主一心想让阿娇当皇后，便派人去向太子刘荣的母亲栗姬提亲，满以为一提便成，没成想被栗姬回绝。原来长公主因与景帝关系好，后宫姬媵都来奉承她，请她在皇帝面前讲好话，她也经常向景帝推荐后宫美人，这让受宠又气量狭小的栗姬很生气。仗着有皇帝的宠爱和儿子已经立为太子的资本，这一次，她不顾后果地回绝了长公主，这让刘嫖很受伤。从此，二人结下了仇怨。

机会让王美人抓住了，她极力讨好长公主。一日，长公主带着阿娇进宫去会王美人，一见面，王美人就极力夸阿娇聪明漂亮，又命内侍领出刘彘与阿娇一同玩耍。傍晚，长公主准备告辞，看见窗外一对幼童正依偎在鱼池边十分亲密，她不禁脱口而出："好一对佳儿佳媳。"王美人乘机说："阿娇堪配太子为妃，只恐我儿无福，不能得此佳妇。"长公主

冷笑着说："废立乃常事，焉知太子名位已定？她如此不识抬举，我也顾不得什么了。"接着，长公主又换了话头，对王美人说："把阿娇许配给胶东王吧，看他俩青梅竹马多要好！"这也正是王美人想要的结果，她当即答应下来，并让刘彻拜见未来的岳母。长公主越看越喜欢，一把将刘彻抱到膝盖上，抚着他的头问："你想娶媳妇吗？"五岁的刘彻看着长公主嘻笑不答。长公主故意指着一名宫女，问他是否合意，刘彻摇摇头，长公主又指着阿娇问："阿娇做媳妇可好？"刘彻答："好！我若能娶阿娇做媳妇，一定要盖一座黄金屋，让她住在里面。"长公主听了心花怒放，当下便与王美人议订了婚事。

汉景帝起初不太同意这门婚事，一是刘彻年龄尚幼，二是阿娇比刘彻大几岁，但当听到王美人说出刘彻"金屋藏娇"的许诺后，刘启不禁大笑起来，认为这是天意，便同意了。亲事既成，王美人与长公主的关系更加亲密。

不久，后宫忽起栗姬崇信邪术，诅咒妃嫱的传言。长公主也在景帝面前说栗姬度量狭窄，容不得人，这样的人做了皇后，"人彘"之事（吕后杀戚姬的手段，景帝很忌讳）可能会重演。同时，经常夸刘彻如何聪明，如何孝顺；而王美人不仅对景帝格外体贴温顺，也对宫中所有的人都尽情抚慰，因此得到后宫的一片赞扬声。

栗姬自从儿子被立为太子后，一改往日温顺的面孔，变得专横跋扈，目空一切，脾气也越来越乖戾。一日，景帝生病，在病榻上对栗姬说："我百年之后，你要好好照顾后宫的所有皇子，千万不要忘记。"栗姬紧闭嘴唇，理也不理，一点也没有日后会看顾其他皇子的表示。汉景帝实

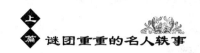

在忍无可忍了。在长公主和王美人的内外夹击下，前元七年（公元前150年）正月，汉景帝终于不顾群臣反对，下诏废太子刘荣为临江王，并将栗姬打入冷宫。

同年四月，景帝立王美人为皇后。接着，立七岁的胶东王刘彘为皇太子，因"彘"不雅，故改名为"彻"。"金屋藏娇"的许诺彻底改变了童年汉武帝的命运。

景帝后元三年（公元前141年）底，皇帝刘启为十六岁的太子刘彻举行了隆重的冠礼。不料冠礼大典后，景帝突然患病，因医治无效，于正月二十七日驾崩于未央宫。国不可一日无君，已经做了九年皇太子的刘彻，当日在景帝灵前即皇帝位。雄才大略的汉武帝从此登上了中国的历史舞台。

当然，陈阿娇也顺理成章从太子妃变成了陈皇后。然而，好景不长，曾经信誓旦旦要"金屋藏娇"的汉武帝，却因陈阿娇相貌平平，未能生育，且自恃有恩于刘彻而骄横擅宠；从开始对她反感，到后来另结新欢，直至最后阿娇被废，退居长门宫，这就是"金屋藏娇"的全过程。据说，陈阿娇为了让刘彻能回心转意，曾用重金请司马相如作《长门赋》一篇，词赋委婉凄凉，阿娇让宫女们传唱。虽然汉武帝很欣赏此赋，却始终没有回头。数年后，废后陈阿娇抑郁病亡，被埋在外祖父汉文帝的霸陵附近。

刘邦身世之谜：汉朝私生子谜案

汉高祖刘邦这位出身寒微、却成就了汉代400年帝业的人，使中国封建社会登上了第一个高峰。然而历史上真实的刘邦身世如何？他是父母所生，还是出于婚外情的"产物"？

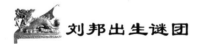

汉帝国的创建者，汉高祖刘邦生于公元前256年。他的出生地属于楚国的沛县丰邑中阳里，也就是现在的江苏省丰县一带。

刘邦本名刘季，出生于一个富裕的下层平民家庭。他的父亲被称为刘太公，母亲被称为刘媪。刘太公，就是刘大爷，刘媪，就是刘大妈，

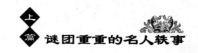
都不是名字，而是下层社会的俗称。想来，当年都是随便起的名，或许刘太公和刘媪本来另有不太雅驯的名字，到了儿子刘季发达做了皇帝之后，旧名难免上不得台面，于是就如此沿袭下来，被写上了史书正史。

刘太公兼顾农商，长于理财置业，在丰邑乡镇上算得上是家境殷实、有头有脸的人物。他为人豁达，睦邻乡里，对于沽酒卖饼、斗鸡蹴球的市井生活情有独钟，日子过得滋润有味。刘媪去世得早，刘太公是一直活到高帝十年才去世的，沾儿子的光，加了太上皇的封号，很享了些晚年的清福。

刘邦出生的神话，应该是司马迁在当地采访时听来的民间传说。在表面荒唐的传说后面，是否也隐含着未知的历史真实，留待后来的历史学家去解读？

刘季的母亲刘媪去世得早，因为《史记》和《汉书》在秦末之乱的事情中完全没有提到她。高帝五年，刘邦即皇帝位，曾经下过诏书，追尊刘媪为昭灵夫人，除此以外，史书上就没有正儿八经的像样记载。不过，刘媪毕竟是高皇帝的生母，生母的一生可以不见经传，皇帝诞生的瞬间却是不可不加以渲染的。

俗话说，龙生龙，凤生凤，老鼠生儿打地洞。这种说法的本源，就是古来贵族社会的血统论。中国古来的贵族社会，从夏商周一直延续到春秋战国，到了刘邦的时代算是走到了尽头。刘邦出生于战国时代的平民阶层，龙凤血统论的说法，怎么也和他的身世合不到一起。

前面已经说到，刘邦本名刘季，做了皇帝以后改名刘邦。刘邦在世时，从来不掩饰自己的出身，言行质朴，每每提到何以成了真龙天子时，

口口声声老子提三尺剑取天下，这皇帝位子是骑在马上打下来的。到了儿子、孙子、重孙子的时候，都是依靠血统继承的皇位，没有人再有本事骑马打仗，马上天下的本源渐渐变质成神话。

司马迁著《史记》的时候，已经是刘邦重孙武帝的时代，距离刘邦死去已经有一百多年了。司马迁撰写的《高祖本纪》说，刘邦出生时有非同寻常的奇事异相。刘邦的家乡丰邑地势低平，多湖泊沼泽，池塘水洼。话说有一天，刘邦的母亲刘媪在水塘边休息，困顿睡着了，梦见与龙神不期而遇，一时天色昏暗，雷电交加。刘太公匆匆跑去看，只见有龙在刘媪身上显现。不久，刘媪有了身孕，生下来的男孩就是刘邦。

用我们今天的眼光来看，人龙交配生子，当然是不可信的荒唐事情。不过，有趣的是，如果我们查阅《史记》的记事，司马迁笔下开创王朝的先祖，出生多有类似的神话。殷的先祖叫作契，商王朝的兴起，奠基于契的功业。契的母亲叫简狄，传说她到野外林中沐浴洗澡，有玄鸟飞过掉下蛋来，简狄吞食了玄鸟蛋，受孕生下了契。弃是周王朝的先祖，姜原是他的母亲。传说姜原到野外去，看见巨人的足迹，她十分兴奋，踩踏了巨人的足迹，受孕生下了弃。弃从小就继承了巨人的基因，与鸟兽友善，长于农耕，受帝舜的赏识，受封成为周王朝的先祖，也成为农耕之神。秦的先祖叫大业，他的母亲叫女修。大业的出生，与殷的先祖契相通，说是女修纺纱织布，有玄鸟飞过掉下蛋来，女修吞了玄鸟蛋，受孕生了大业云云。

司马迁是个重事实跑调查的历史学家，是不信怪力乱神的，他记叙殷、周、秦先祖出生的神话，根据的是殷族、周族、秦族古来的记忆传说，有文献典籍的依凭。表面看来，这些记忆传说荒唐不经，留心推究，荒唐不经的里面却包藏着历史的真实。科学地分析殷、周、秦先祖出生的神话，我们可以确认这样的事实：作为远古以来世代相传的氏族之殷族、周族和秦族，他们最初的男性祖先可以追溯到契、弃和大业，他们最后的女性祖先可以追溯到简狄、姜原和女修。在这个事实后面，我们更可以窥探到远古人类社会变革的信息：女性当权的母系氏族社会，在殷族结束于简狄，在周族结束于姜原，在秦族结束于女修，与此相应，男性当权的父系社会，在殷族开始于契，在周族开始于弃，在秦族开始于大业。在母系氏族社会的群婚制度下，人人只知其母不知其父，世系只能由母系确认。契、弃和大业，是殷、周、秦父系氏族社会的先祖，他们以后的世系，由男系确认和排列，他们自己的出生，是只知道母亲而不知道父亲的。

刘邦的家乡沛县丰邑一带，司马迁是亲自去看去听去查过的。司马迁在记叙沛县出生的几位西汉开国元老的生平时曾经说道："我到丰沛一带采风，访问当地的遗老故旧，寻观萧何、曹参、樊哙、夏侯婴的故居，搜求他们当年的逸闻往事，真是闻所未闻，大长见识。"刘邦出生的神话，应该是司马迁在当地采访时听来的民间传说。在表面荒唐的传说后面，是否也隐含着未知的历史真实，留待后来的历史学家去解读？

在远古的氏族传说中，母亲与神怪相结合诞生英雄，是父系不明的古代婚姻关系的遗留；在近古的民间传说中，母亲与神怪相结合诞生的英雄，或许就是婚外野合的结果。

沛县民间男女风气开放，野合外妇，是古代的常事。刘邦的大儿子

刘肥，就是刘邦的外妇曹氏所生，外妇就是婚外的情妇，刘肥是刘邦与情妇的私生子，刘邦做了皇帝以后，堂堂正正地封刘肥做了齐国的国王，当时当地，没有人忌讳这种事情，甚至流传以为美谈。以此推想，司马迁所采录的刘邦出生的神话传说后面，可能藏有刘邦是野合私生的隐事。

当年秦始皇东巡时，对于楚地男女苟合的淫风多有指责。如今沛县地区发现的汉代画像石上，有男女野合的图像，当地民风视男女情事为人生美艳的趣事。想像当年，浓雾弥漫，雷阵雨骤然袭来，有一女一男避雨水塘边，大树下草棚里，天昏地暗，情由雷电点燃，野合随云雨翻转。也许是巧合，也许是太公早有风闻，赶来撞个正着，瞧了个明白，遂留下了后世龙雾的神话。

往事迷茫，古代的事情不得不多多借助于推想。在对刘邦诞生神话的各种解说中，浓雾野合的推断合于民俗学的研究，容易被有科学观念的现代人接受。在远古的氏族传说中，母亲与神怪相结合诞生英雄，是父系不明的古代婚姻关系的遗留；在近古的民间传说中，母亲与神怪相结合诞生的英雄，或许就是婚外野合的结果。

当野合的旧闻演化为神话的美谈，司马迁也许心里明白，只是不好点破，毕竟是本朝的开国皇帝，说话要有分寸，叙事需要含蓄。不比两千年后的历史学家说起话来自由自在，可以在追究史事的心思上发千古之思，用科学历史的方式开启帝王的隐私，发现逼近历史的真实。

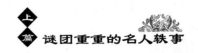

从《史记》看刘邦身世

司马迁《史记·高祖本纪》开篇言："高祖，沛丰邑中阳里人，姓刘氏，字季兴，父曰太公，母曰刘媪。其先，刘媪尝息大泽之陂，梦与神游。是时雷电晦冥，太公往视，则见蛟龙于其上。已而有身，遂产高祖。"两千多年来众无异辞，皆认为是神化刘邦帝王身世的。龙崇拜在我国有着古老而悠久的文化积淀，先秦典籍和现代考古发现都表明龙在战国以前就被认为是君王的坐骑，是人与天帝沟通的使者，如屈原《九歌·云中君》"龙驾兮帝服，聊翱游兮周章"，《礼记·五帝德》载：帝颛顼"履时而以象天"、"乘龙而至四海"等等。到了战国乃至秦汉时期，人们已经直接用龙来指代君王了，在《管子》、《吕氏春秋·介立》、《史记·晋世家》、《史记·秦始皇本纪》都有类似的描述。刘向《说苑·辨物》："神龙能为高，能为下；能为大，能为小；能为幽，能为明；能为短，能为长。昭乎其高也，渊乎其下也，薄乎天光，高乎其著也。"正因为龙能变化无穷、广具神通，所以用以取象帝王布政施教善于通权达变，高深莫测。当时的人们不知今天的"现代科学"为何物，只能虔诚地相信上帝、鬼神、蛟龙是一种客观的真实存在，包括司马迁

本人对于"天命"也是承认的，如在《报任安书》明言作《史记》的目的就是"欲以究天人之际，通古今之变"，他在《史记》中还数次说明历代王朝的建立都是出于上天的旨意，都是受命而王。我们不能因其不合今天的"现代科学"，斥之为荒诞，以今律古，似嫌武断。

神话现象在《史记》中曾数次涉及，如殷契由母亲吞玄鸟卵而生，周后稷由母亲践"巨人迹"而孕。这些始祖诞生神话是司马迁根据传说写成的，是典型的君权神授观念的反映，目的仍然是为了神化帝王。现代考古发现证明父系氏族社会已经从多偶婚向一夫一妻过度，处于父系氏族社会晚期的黄帝时代父权已经完全巩固，而非所谓"群婚时代"，所以才会有神化男权事件出现。正因为这些始祖传说在秦汉之际的民间广为流布，如陈胜吴广起义时令人丹书"陈胜王"藏于鱼腹，又令人学狐呼曰"大楚兴，陈胜王"。依此推理，刘邦神化自己，以明身世不凡，也是顺理成章的事情。

在当时的历史条件下，陈胜、刘邦等"造神"显然十分必要，因为自古"无土不王"，《史记·项羽本纪》就记载：陈婴就是因为没有显赫的世系，才不敢为王，虽然刘邦先世曾为魏国大夫，但到刘邦为"泗水亭长"时，当时家庭成份已只是"微细"之家，而项羽则有"世世为楚将"的骄人身世，为了寻找为王称帝的理论根据，杜撰"龙种"传说，以示"应天受命"，有神灵护佑，借以威服百姓就非常必要了。实践证明，在鬼神崇拜、巫风甚炽的秦汉之际，这一招十分灵验，从《史记》"诸从者日益畏之"的描述就可以看出这点。

《史记》中对刘邦还有数次神化描述，如刘邦"醉卧，武负、王媪

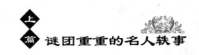

见其上常有龙"；吕公相刘邦当贵，嫁女予之；刘邦纵徒后，"被酒斩蛇"，一老妪哭诉"赤帝子斩白帝子"等等。而秦始皇在丰县筑"厌气台"以镇东南"天子气"，却是在刘邦成名之前的举动。

说刘邦是私生子，从小被父亲厌恶歧视是无根据的，在《史记》中还有许多记载也可以看出刘太公与刘邦父子情深。《卢绾列传》载刘邦与卢绾同里同日生，两家长辈相友爱，刘邦出生时"里中持羊酒贺两家"及壮，刘邦与卢绾俱学书且要好，邻里"复贺两家羊酒"，太公应该以此子而自豪，怎么会歧视？《淮阴候列传》记载，秦朝规定："家贫无行，不得推择为吏。"刘邦为泗水亭长，应该离不开家里的支持，何言歧视？《史记·高祖本纪》载，刘邦称帝后仍以家人礼"五日一朝太公"，别人提出"人主"不能"拜人臣"后，刘邦依然朝请如故，后来太公坚持认为不能"以我乱天下法"，刘邦乃尊太公为太上皇；刘邦为让太公开心，"作新丰，徙诸故人实之"，可见刘邦对其父是非常孝顺的，不仅从物质上保障了太公衣食无忧，更从精神上实施孝道，可谓父子情重。

再看刘邦与长嫂的关系。从史记中确实可以看出有叔嫂相怨之事，但与刘邦"受歧视"无关。相怨的起因是刘邦"不事家人生产作业"，却又常带着一帮朋友到寡嫂家里吃饭，长嫂不胜其烦，便假说"羹尽"，高祖由此怨其嫂。这件相怨事件只不过是家常里短，迥非因是"非婚生子"而"在家庭备受歧视"，"连长嫂亦厌弃小叔"。

综合来看，刘邦的身世在《史记》中记载得清清楚楚，并没有什么"非婚生子"之谜，关于出生的描写只是为神化帝王"应天受命"而精

心撰写的，如果不以史实为依据，用所谓"创造性思维"推导出的结论，再制造成什么秘密，就纯属子虚乌有了。

豪杰原本是"无赖"？

刘邦生于公元前256年，沛郡丰邑人（现在江苏丰县），他在兄弟四人中排行第三，他的父母都是普通得不能再普通的老百姓。刘邦年轻时整日游手好闲，常常到酒店里赊酒，喝醉了就倒在酒店里睡觉。刘邦性格豪爽，对人很宽容，但他不太喜欢读书，也不喜欢下地劳动，他的哥哥和嫂子不愿与其一起生活，刘邦的父亲只好把长子一家分出另过，刘邦仍随父母居住。刘邦长到弱冠之年，仍是不改旧性，父亲就斥责他说："你真是个无赖，什么时候才能像你哥哥一样买地置房，有点出息呀！"刘邦并未觉悟，还是经常带着一伙狐朋狗友到哥哥家白吃。嫂子被吃急了，就厉声斥责，刘邦也不以为然。一次，刘邦一伙又赖在哥哥家蹭饭，嫂子急中生智，用勺子猛劲刮锅，弄出了震天的响声，刘邦一听，以为饭已吃完，自叹来迟，只好请朋友回去。等他送走朋友，回头到厨房一看，锅灶上正热气腾腾。刘邦这才知长嫂使诈，于是从此不再回来。

刘邦的这种"无赖"本性一直没有得到彻底改变。楚、汉相争之时，刘邦曾经兵败彭城，自己只身逃走，两个孩子也被冲散。其后在逃难人群中发现了自己的一子一女，但楚军紧追，刘邦急于逃命，嫌车重太慢，竟将两个孩子推下车去。部将夏侯婴看见，急忙把孩子放回车中，如此反复了三次。刘邦说："我如此危机，难道还要收管两个孩子，自丧性命吗？"夏侯婴反驳说："这是大王的亲骨肉，怎么能舍弃！"刘邦竟然舍人救己，拔剑就砍夏侯婴，夏侯婴无奈，再也不敢把孩子放在车上，只好把孩子挟在腋下跟着车逃跑。俗语谓虎毒不食子，也许因为刘邦非虎而龙，也就顾不得这条古训了。

楚、汉两军对峙时，项羽曾把刘邦的父亲捉到军中，想以此要挟刘邦。项羽此举虽不太正大光明，但两军对垒，似乎也情有可原。一次，项羽把刘邦的父亲推到阵前说："你若不撤兵，我就把你的父亲烹了。"两军将士本以为刘邦会十分为难，情感也都倾向刘邦这一边，谁知大家是以君子之心度小人之腹了，刘邦根本就不在乎，竟然毫不犹豫地回答道："我们俩曾经结拜为兄弟，我爸爸就是你爸爸，你若把你爸爸煮了来吃，请把肉汤分一杯给我喝（分我一杯羹）。"面对这样的无赖，项羽能有什么办法呢？只得把刘邦的父亲放了。

"无赖"刘邦快三十岁的时候，做了泗水的亭长，时间一久就和县里的官吏们混得很熟，在当地也小有名气。在亭长这个官位上，刘邦整整呆了18年。

那时的刘邦虽然职位低下，但他是一个很有野心的人。有一次，刘邦送服役的人去咸阳，路上碰到秦始皇的大队人马出巡，远远看去，秦始皇坐在装饰精美华丽的车上威风八面，他羡慕得脱口而出："大丈夫

就应该像这样啊！"这句话泄露了他心中的秘密，表明他渴望成为一名威震四方的君王的野心。

刘邦的妻子是吕公的女儿吕氏，吕公本来不住在沛县，后来和家乡的人结下冤仇，便带着家人投奔自己的好朋友——沛县的县令，所以就把家安在沛县了。在吕公刚刚到沛县时，沛县的许多上层人物听说了他和县令的关系，便纷纷上门拜访，借机向他拉拉关系，套套近乎。当时在沛县担任主簿的萧何负责接待宾客，由于客人很多，萧何就宣布了一条规定：凡是贺礼钱不到一千钱的人，一律到堂下就坐，刘邦本来就瞧不起这些官吏，他没有带一个钱去，却骗负责传信的人说："我出贺钱一万！"

吕公听说了，赶忙出来亲自迎接他。萧何担心出现尴尬的局面，所以忙不迭地对吕公解释说："刘邦平时就愿意说大话，很少干实事。"吕公一见刘邦气宇轩昂，超凡脱俗，所以不但没有生气，反而请刘邦上席就坐。

这次刘邦不但吃了一顿免费的盛宴，而且散席之后，还被吕公单独留下，原来吕公想将自己的女儿嫁给刘邦，所以特地征求刘邦的意见。刘邦当然求之不得了，可是吕公的夫人却不愿意，骂吕公说："你常说这个女儿有出息，要嫁给贵人，沛县县令要娶他，你都不肯，怎么会嫁给毫无出息的刘邦？"但是吕公不顾夫人的极力反对，硬是把女儿嫁给了刘邦，这就是以后历史上有名的吕后。汉惠帝就是她和刘邦的儿子，还有一个孩子就是鲁元公主。

大凡开国皇帝的诞生，总会被后人编排出一些非凡的神奇故事来，

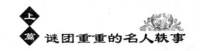
以凸显皇帝出身高贵、皇权天授的命题。

关于刘邦的身世及其母怀孕的经过，《史记》和《汉书》里均有类似记载，称："高祖，沛丰邑中阳里人，姓刘氏，字季兴，父曰太公，母曰刘媪。其先，刘媪尝息大泽之陂，梦与神遇。是时雷电晦冥，太公往视，则见蛟龙于其上。已而有身，遂产高祖。"意思是说，刘母生刘邦前，曾在大泽的堤岸上休息小睡，正好碰上雷鸣电闪、天色阴暗，刘父前来寻视，却见一只蛟龙卧在妻子身上，不久刘母怀孕，生下了刘邦。

在今江苏丰县北环路上的龙雾桥下，仍有两个破败的四角亭孤零零地立在东岸，其下各竖立着一方石碑。其一为"重修丰县龙雾桥庙记"，为明景泰元年（1450年）所刻，碑文称："况龙也雾也，乃天地阴阳之全，变化聚散，皆不可测，是以龙兴雾瀜，理势必然，而以为斯桥之名，断自汉高初生，母遇蛟龙而得。"另一块是"丰县重修龙雾桥碑记"，为清康熙五十九年（1720年）所刻，碑文称："……至于之所谓龙雾桥者，乃汉高帝受妊之始，龙环雾绕，而桥以名焉。"据说，这两块碑刻是1981年4月在梁楼村的麦田中发现的，后被移置于此。据此判断，这一带应该是传说中刘邦的母亲遇蛟龙而怀上刘邦的地方。

一次，吕后和女儿在地里除草，有一个过路的老人向她们要了点水喝，喝完水讨好地说她们娘俩都是一副贵人相。等老人刚走，刘邦也回来了，吕后便把刚才老人说的话告诉了刘邦，刘邦一听也很高兴，他赶紧又追上了老人，让他也为自己看看面相。老人说刚才之所以说他的夫人和女儿长得贵人相，就是因为他的缘故，而刘邦的面相是贵不可言。刘邦一听高兴极了，拜谢了老人就回去了。

后来，刘邦奉命押送刑徒去骊山服役，但在半路上已经有很多的人逃跑了，刘邦也很无奈，走到丰邑县的大泽休息时，刘邦喝了些酒，然后松开了刑徒们身上的绳子，让他们自己逃命去。但有十几个人不愿意丢下他一个人走，都表示愿意跟着他，刘邦便带领大家逃亡。前面负责开路的人回来告诉他有条大蛇拦路，没法通行，刘邦喝得有点醉了，训斥说："我们这些勇猛之士行路，有什么好害怕的!"他分开众人，自己到了前边，见一条蛇横在路中间，便拔出宝剑将蛇一剑拦腰斩断。又走了一段路后，刘邦觉得头晕，便躺在路旁休息，也等等后边的人。一会儿，后边的人赶了上来，对他说在路旁看见一个老太太哭，问她原因，她说有人把她的儿子杀了。又问为什么被杀，她说她的儿子是白帝的儿子，刚才变成蛇，却在路边被赤帝的儿子杀了，所以才如此难过。大家当时觉得是老太太说谎，但老太太忽然就不见了。刘邦听说了，心中暗喜，以后便借此来提高自己的威信和地位。

此后，刘邦带着人到处逃亡，但每次吕后都能找到他，刘邦很奇怪，问妻子原因，吕后说他藏身的地方常有彩云缭绕，所以很好找。刘邦后来便让手下人广为传播这种谣传，很多人便相信了，都想来投奔他。实际上，这种谣传基本上都是在皇帝建立国家之后，有意编造的，以此证明自己与众不同，有王者之气。

由于这些传说，刘邦在当地的威信逐渐提高，跟随他的人也就多了起来，他被当地人称为沛中的豪杰。

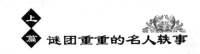

刘邦是私生子吗？

汉高祖刘邦在家排行老四，刘邦的出生富有传奇色彩，而后人根据司马迁的《史记》中关于刘邦的出生，认定刘邦是私生子，这究竟是怎么回事呢？一起来看看吧！《史记·高祖本纪》记载刘邦出生的情况是："其先，刘媪尝息大泽之陂，梦与神遇，是时，雷电晦冥。太公往视，则见蛟龙于其上，已而有产，遂产高祖。"

当时刘邦的母亲年龄已经很大了，有一次在大湖岸边歇息，不知不觉睡着了，做了一个春梦。当时雷电轰鸣，刘爸爸太公一看天气不好，就出门去接老婆回家，走到湖边，看见一条蛟龙正伏在刘妈妈身上，后来，刘妈妈就此怀了孕，生下了一个男孩子，就是刘邦。

根据司马迁的描述，刘邦即使非太公所生，但他的父亲也不可能真的是那条蛟龙，这不过是刘邦得天下之后，史官的粉饰之辞而已，当不得真。这个神奇的故事说明太公的态度很值得玩味，起码太公知道刘邦并非自己亲生这一事实。

这一点也在以后的岁月中得到了旁证，刘邦确实长得酷似蛟龙：鼻子高高的，脖子长长的，胡须密密的，尤其令人称奇的是，左大腿上居然长

了72颗黑痣!

刘邦一家都是农村户口,刘邦却自认为高人一等,最讨厌和家人一起下地干活,能偷懒就偷懒。太公对刘邦这种懒汉行径实在看不下去了,严厉批评他不愿勤劳致富,只想投机取巧,还拿刘邦的弟弟做榜样,让他向弟弟学习,勤俭持家。

公元前205年,刘邦和项羽在彭城一场大战,一败涂地,刘邦的父亲太公和吕后都被项羽俘获,刘邦逃亡途中遇见了失散的一女一子,把他俩放在车上一起逃命。后面追兵越来越近,刘邦忧心如焚,为了让自己的车跑得更快一点,他数次将儿女蹬下车去,大将夏侯婴每次都跳下车把两个孩子救上来。

两年后,楚汉相持,项羽的粮道被断绝,非常头痛,就在两军阵前架设了一口烧沸的油锅,在旁边的高台上放了一块案板,把刘邦的父亲太公像烤羊肉串一样架在油锅上,布展完毕,派人去通知刘邦前来观看。

刘邦来到阵前,项羽对他说:"快点投降!否则我就把你爹给煮了!"刘邦一看这阵势,慢慢悠悠地说:"咱俩曾经在楚怀王面前立誓,约为兄弟。既是兄弟,我爹也就是你爹,如果一定要把你爹给煮煮吃了,请赏脸分给我一杯羹喝。"弄得项羽哭笑不得,一怒之下就要油炸太公,项伯赶紧劝说道:"夺取天下的人怎么会顾忌家庭呢?杀了他也没有什么好处。"

项伯只知道"为天下者不顾家"的常识,却不知道刘邦是私生子,太公根本不是他的亲爹,他才不把太公的生死放在心上呢!有人盛赞刘邦这一处理手法幽默感十足,可那是建立在太公没有被煮的基础之上的,

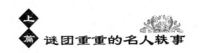

假如太公真的被煮了，还能说是刘邦的幽默吗?

刘邦垓下一战，击败项羽，平定天下，曾经不顾太公死活的汉高祖此刻当了皇帝，为了装装样子，他也像父子之间的礼节一样，五天去问安一次，问安必须叩头。太公的家令显然了解这一家的隐私，劝说太公："天无二日，土无二王。高祖虽然是您的儿子，但却是一国之主；太公您虽然是他的父亲，但却是皇帝的臣子。怎么能让人主给人臣叩头呢!"

这番话不合逻辑，因为同样可以反过来质问："怎么能让爹给儿子叩头呢!"家令的深意显然是指太公并非刘邦的亲爹，名分上的父子关系当然抵不过国家的主臣关系。不仅如此，刘邦还在群臣面前肆意羞辱太公。

未央宫建成之后，刘邦在未央宫前殿设宴，宴请家人和群臣，酒酣耳热之后，刘邦醉醺醺地上前为太上皇祝寿，得意忘形地说："当年您常常骂我无赖，骂我不能置办产业，比不上我弟弟。那么现在请问：我置办的产业和我弟弟的谁的更多?"大殿之上，群臣大笑，山呼万岁，只有太公一个人，尴尬地干笑着，第二年，太公就郁郁而终。

下 篇

令人窒息的皇室风波

两汉王朝有"文景之治"、"汉武盛世"、"昭宣中兴"、"光武中兴"、"明章之治"。这些盛世让汉朝走向了辉煌,然而,在这当中,为了争夺皇权,为了自身的利益,外戚宦官使尽浑身解数,他们的人生有着太多的谜团。

汉宫之争：吕后与戚夫人的争风风波

　　中国古代的宫廷之中，性喜渔色的帝王竞相打破宫女数量的记录，让无数美女充斥后宫，以满足一颗多情纵欲的帝王之心。然而，无数的红颜侍奉一个帝王，有得宠的自然就有失宠的；有欢乐的自然就有痛苦的。后宫是一个看不见硝烟的战场，这个战场就在皇后与嫔妃、宫女之间展开，虽不见鼓角争鸣，却也异常悲烈……

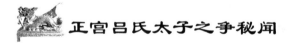

正宫吕氏太子之争秘闻

　　吕雉是汉高祖刘邦的正室夫人，历史上称为吕后。父亲吕公，是单父人（今山东单县），由于躲避仇人，避难来到沛县落籍。吕公和沛县县

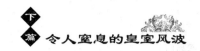

令是知交。乡民得知这些，便纷纷带着礼物前去拜会吕公。县吏萧何帮助吕公料理宴会事宜，事先对各宾客说："贺仪在千钱以下的，座位就排在堂下。"

当时汉高祖刘邦只是一名小小的亭长，终日饮酒作乐，赊帐都付不起，哪还有钱送呈贺仪？更不可能备千钱以上的礼物。但是，刘邦知道，这可是一次出人头地的好机会，绝不能错过。但若屈居下座，怎么会引人注目?思谋再三，刘邦想出了一计。

吕公宴会那一天，刘邦郑重其事地写了一份拜帖，拜贴上赫然写着贺仪一万钱。这在当时可是一个惊人的数目，莫说县吏萧何吃惊，就连吕公也很诧异，连忙亲自出迎，礼接亭长刘邦。

吕公细看刘邦，刘邦气宇轩昂，彬彬有礼。心中为之折服。这位气度非凡的亭长，日后前途定不可限量。吕公是见过世面的人，在行动上就十分谦让礼敬，将刘邦请入堂中，坐在上座。刘邦落落大方地坐在上座上，高谈阔论，旁若无人，吕公在酒宴过程中一直观察着刘邦，并细察他的面相。宴席结束后，酒足饭饱的刘邦起身告辞，吕公一再挽留。

客人散去，香茶招待了刘邦后，吕公诚恳地对刘邦说："我一向深究相法，相过的人很多，没有不灵验的。今天见到阁下，细看面相上显示阁下贵不可言，望阁下好自珍爱。我有一个长女，相貌人品都是上乘，我有意与阁下结这门亲，收阁下为女婿。"

刘邦听了吕公的话喜出望外，没想到白吃了上座的这顿丰盛酒饭不说，拜帖的一万钱还没个交待，就被有身分、有背景的吕公如此看重，还要嫁给爱女，赠送厚礼。刘邦万分感激之下，当即应允了这门亲事，

不胜惊喜地辞别了吕公，欢快舒畅地奔回家门。吕公的这位大女儿便是日后汉高祖刘邦的皇后吕雉。

吕雉在吕公的坚持下嫁给了亭长刘邦，当时，刘邦家景不富裕，而且还有一个私生子刘肥。成家以后，自立门户，刘邦依旧游侠放任，广交朋友，家里的生计全靠吕雉料理。一晃就是几年，吕雉从一个娇小姐变为一个地道的农妇，一年四季下地耕作，操持家务，并先后替刘邦生下了一儿一女。

有一天，吕雉和子女都在田里干活。一位老人路过这里，口渴了想喝点水。老人一边喝水，一边和吕雉闲聊。老人善于看相，初见到吕雉就大为心惊，等细加观察，越发不敢相信。老人告诉吕雉，她的命极贵，面相上贵不可言。老人又请她叫过儿子、女儿，也看一看。老人细看了吕雉的一双儿女，告诉吕雉，日后她之所以大贵，是由于这个儿子，儿子相貌是大贵之相；至于女儿，也是贵不可言。老人喝完茶后，就辞别了吕雉，向前赶路。过了一会儿，刘邦来到田间，吕氏告诉了刚才的一切。刘邦闻言后，急忙去追赶那位老人。

刘邦追上了老人，恭敬谦让一番后，刘邦也请老人替他看相。老人细细审视，不禁心中大惊。老人告诉刘邦，他的妻子和儿女之所以大贵，是由于他能大贵，将来贵不可言。老人希望刘邦好自珍重。刘邦恭送老人远去，心中大喜，想象着自己贵不可言，想必能入朝拜相，位极人臣，身为亭长的刘邦这时恐怕还不敢奢望有朝一日能当上皇帝。

公元前208年，刘邦38岁，儿子刘盈刚刚5岁。这一年，刘邦揭竿而起，举兵反秦。汉王五年冬天，刘邦战胜项羽，在定陶即皇帝位，定

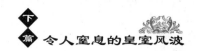

都洛阳，随后迁都长安。刘邦即皇帝位后，册立吕雉为皇后，长子刘盈册为皇太子，女儿封为鲁元公主。

刘邦在争战的过程中，吕雉曾经被项羽擒获，身陷楚营，但刘邦却毫不在乎吕雉的死活，并纳了许多姬妾。在这众多的姬妾中，最宠爱的还是戚夫人。

戚氏是定陶一位远近闻名的美人，她的皮肤像洁白无瑕的白玉一样，清纯温润。她的眼睛圆圆的，十分柔美迷人。她的体态丰满，气质高雅。最为难得的是，她的歌喉优美，腰如柳枝，舞姿轻盈美妙，如流风，似飞雪，令人陶醉。

起兵征战的刘邦在汉元年时进驻定陶。这位胸怀大志的义军首领平生最好女色，听近侍奏报，说定陶有一位如花似玉的仙子，刘邦怎能不动心？刘邦的近侍找到了戚氏，送去厚重的聘礼，便顺理成章地占有了这位令刘邦心醉的美人。从此以后，刘邦离不开她。行军打仗，南征北战，都要有戚氏陪伴在左右，既寻欢作乐，又照料生活，解除寂寞。无论有多么艰苦的战事，无论面对多么困窘的环境，无论多么疲乏劳累，只要一回到家中，躺在戚夫人温香软玉的怀中，刘邦便会安然睡去，一切烦恼劳累顿时烟消云散。

怜香惜玉的刘邦是以美色为前提的，当年吕公慧眼识人，将心爱的女儿吕雉下嫁刘邦，吕雉没有嫌弃刘邦，一心侍候他，为他生儿育女，还下田耕作，养家糊口，一任刘邦在外交游闲逛。刘邦一直十分感激吕公，感念发妻吕雉。然而，随着刘邦的事业一天天兴旺，发妻吕雉青春逝去，人老珠黄。刘邦对发妻虽然依旧存一份感激，但那也

只是一份感激而已。有无数的美女缠绕在他身边，刘邦得到了戚夫人之后，便忘情恩爱，纵欲求欢，既挥师夺取江山，又日夜享乐美色，他哪里还会记挂着当年资助他兴兵起事的吕雉？

戚夫人获得刘邦的宠爱，日夜沉醉其中。没过多久，戚夫人便发现自己已经怀孕，她心中十分高兴，在一种满足和自得的心境中精心保养着腹中的孩子，幻想着这是一个俊伟的儿子，他降世以后，自己和儿子便会一切顺心如意。

十月怀胎，终于分娩。戚夫人在经历了一番痛苦的撕裂和挣扎后，生了一个壮壮实实的儿子。戚夫人满面春风。高祖刘邦看到自己和爱妃生下的儿子，当然喜不自胜，对戚夫人更加宠爱，给儿子取名叫如意。如意七岁的时候，被封为代王，十岁被封为赵王。如意长得越来越像高祖刘邦。刘邦对戚夫人爱得无以复加，同时因儿子如意一颦一笑，一举手一投足都像自己，更将这母子二人视如珍宝，备加爱怜。

戚夫人是个有心计的女人，她知道眼前的荣华富贵是享用不尽的，但日后怎么办？一旦刘邦离世，太子刘盈即位，厉害的吕后能轻易放过自己吗？戚夫人便打定主意，借着刘邦的宠爱，时常啼哭，闹着要刘邦改立如意为太子。

刘邦早有此意。但储君决定着国家未来的命运，大臣们不能不参与决策，更不会坐视不管。朝臣们对改立太子一事一致反对，认为刘盈立太子已经八年，名位早已确定，而且刘盈为人仁厚，宽怀待人，如果无罪被废，而以个人的私宠另立如意，则必将大失人心，动摇国家根本。大臣反对的奏章纷至沓来。太子的废立便在刘邦、戚夫人、如意和吕后、刘盈、朝臣之间相持着。

危急时刻，御史周昌挺身而出，力争保留刘盈太子的地位。周昌有些口吃，但在拥护太子的关键时刻，在诸臣里面数他最卖力。刘邦怒气冲冲，故意当庭质问他，为什么不能改立太子？周昌结结巴巴，但还是完整地表达了他坚决反对改立太子的意见。周昌口吃结巴，十分滑稽，一番严肃的争辩被这可笑的气氛冲淡，怒气冲冲的刘邦不禁笑了起来。这场争论不了了知。躲在厢房偷听的吕后捏了一把汗，事后召来周昌，拜谢说："如果不是你的力争，太子几乎被废去了，感谢先生的直言。"

刘邦改立太子的决心很坚定，加上宠妃戚夫人的枕边风，刘邦改立如意的决心似乎不可动摇。仅靠大臣能力挽狂澜吗？吕后不敢相信。吕后惶惶不可终日。这时，有谋士献计，说留侯张良擅长计谋，这件事何不去请教他？吕后茅塞顿开，当即密遣她的哥哥建成侯吕释之到留侯府请教张良。

倾向于保持太子地位的张良想出了一条妙计：皇上打天下时，有四位高士为躲避战乱而隐居商山。这四人德高望重，名闻遐迩，时人称为"商山四皓"。皇上得天下后，曾郑重请他们下山，他们嫌皇上经常辱骂儒生，因此没有答应，不愿意出山做皇上的臣子。如果太子能谦卑礼敬，恭请四人出山，到太子府中作太子宾客，一旦皇上知道，他不能请到的"商山四皓"愿意追随太子，必然有助于太子的声望，皇上也就会放弃废除太子的意图。

太子自是言听计从，修书一封，情真意切，派谋士带厚礼前去商山，

叩请四皓出山。四皓深为感动，欣然接受了太子的邀请，到太子府中作起了太子的宾客。吕后大大地松了一口气。

吕后的手腕

刘邦当上皇帝位的第十年，代相陈豨造反，刘邦统兵讨伐，平息了叛乱。吕后在京师长安随后设计逮捕了淮阴侯韩信，并未加审讯，将韩信杀害于未央宫锤室。统兵百万、富于谋略和机变的韩信临死时怎么也不相信自己竟葬送于一个妇人之手，实在是天意使然！战功赫赫的韩信最终还是在吕后的冷笑中命归西天。

陈豨、韩信覆灭后，另一创建大汉的大功臣督于山东定陶的彭越终日忧心如焚。彭越的大将扈辄劝彭越干脆起兵造反，以起兵自保，但彭越犹豫不决。刘邦得讯，立即派兵围剿，活捉了彭越，将他降为庶人，充军四川。充军途中，彭越刚好遇上了从长安东来的吕雉皇后。彭越伤心地请求吕皇后代为求情，希望不要发配他到遥远荒僻的四川，看看能否改旨发配老家山东昌邑。吕后听完以后，一口答应。彭越喜出望外，感激涕零。吕后便自作主张，带着彭越一起回到洛阳。

吕后见到了刘邦，对刘邦说："我在路上遇见了彭越，就把他带回

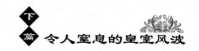

来了。"刘邦觉得奇怪，但也没有责怪的意思，而是急于想听自己这位政治手腕高明、果断勇略的妻子有什么高见。吕后告诉刘邦，彭越劳苦功高，为创建大汉江山立下了汗马功劳，以他的才能和功绩在全国极富号召力。如果将他充军到遥远的四川，必定鞭长莫及，无法控制他，而四方心怀怨恨和怀有野心的人必定追附，一同谋反。四川是天府之地，富甲一方，一旦彭越在那里形成势力，起兵造反，岂不是自遗祸患吗？

刘邦茅塞顿开，恍然大悟。幸亏精明过人的妻子想到了这些，带回了彭越。刘邦感激地望着吕后，问她该如何处理，是不是改旨将彭越发配山东昌邑，以便就近控制？吕后摇头。吕后恨死了山东人，哪怕是封地山东的王侯也会令她讨厌。吕后见刘邦问计于自己，便做了一个姿式，就是干干脆脆地将彭越杀掉，以绝后患。刘邦明白了以后，这才由衷地佩服，反而觉得自己远不如这个女人，这个女人是如此地不动声色，杀人不眨眼睛，而自己倒反而有点妇人之仁。刘邦同意以后，吕后便吩咐随从，让人立即告发彭越再度谋反。彭越被糊里糊涂地推出去斩首，彭越三族也被诛杀干净。

汉高祖十一年，公元前 196 年，淮南王英布造反。正在生病的刘邦想让太子刘盈领兵平叛。刘盈从来没有打过仗，一直生长在歌舞升平的皇宫，如何能对付久经沙场、曾是项羽手下勇将的英布？

仁厚的太子无法担此重任，又不能完全推让，否则盛怒之下的刘邦会借机会废了太子。面对这种困境，已是太子宾客的四皓之一——东园公献计，召吕后的哥哥吕释之，让吕释之去见吕后，由吕后婉转说动刘邦，说太子独自带兵，领导的都是刘邦当年手下的老将，对付的又是老

谋深算的英布，众将恐怕难以心服，又何能一举平叛？英布得知后会更加猖狂，大举西进。皇上虽然有病在身，但是否随军筹划护持，诸将自会听令。还是皇上要受点苦，为了妻儿和社稷，皇上就辛苦一点吧。

东园公这一计的本旨是太子独自领兵，如果成功了不会增加筹码，一旦失败了恐怕会动摇太子之位，因此，不如善为处置，不必冒险。吕后听了吕释之的说法，觉得很有道理，就找一个机会说动刘邦。身上有病的刘邦心里当然不乐意，想不到这般年纪了，又有病在身还指望不上早已成年的太子，实在也太说不过去了！刘邦愤然地说："哼，什么太子，知道这小子没什么用，不能担当重任，还得老子亲自挂帅！"

刘邦命太子留守长安，亲自领兵征讨英布。第二年，英布叛乱被彻底平复，刘邦回到长安。余怒未消的刘邦又重提废除太子之事。朝廷大臣依旧坚决反对，但显然没有什么用。恰遇朝廷举行大规模的庆功宴会。踌躇满志的刘邦和群臣欢宴共饮，庆贺胜利。刘邦不经意地发现，在太子刘盈身后，怎么跟着四个须发全白的老人？刘邦召来太子一行，发现四位老人精神矍铄，须眉皓白，宽衣博带，一望便知是四位饱学之士。刘邦询问四人是谁。四皓自报姓名。刘邦大惊，这不是自己请不来的那四位世外高人吗？刘邦惊问："我以前请你们，你们躲避我，如今怎么却追随我的儿子？"

商山四皓恭敬地回答说："皇上征伐四海，令天下臣服，四海归心。但是，皇上一直轻慢儒生，动不动就骂人，我等义不受辱，当然只能逃避皇上。太子恭敬仁孝，宽以待人，礼贤儒生，遐迩闻名，天下豪杰之士都愿意为太子所用，所以，我等自愿追随太子。"

大宴结束以后，四皓簇拥着太子从容不迫地离去。刘邦看见威望极高的商山四皓陪同太子离去，对戚夫人无奈地说："我一直想废了太子，但是，如今太子有这四个高士辅佐，名望日隆，羽翼已成，恐怕更难动摇了！我百年以后，吕后就是你的主人！"太子刘盈就这样保住了太子的地位，从而决定了日后的结局，吕后的地位也得到了巩固。

戚夫人伤心落泪，悲痛不已。戚夫人享受着刘邦的温情恩爱，同时又十分恐惧地想象着未来。刘邦的身体已经一日不似一日，刘邦去世以后，太子刘盈即位，吕后当权，那时该怎么办？吕后的狠辣朝野尽知，她会怎样对待自己？

戚夫人虽然伤心，但觉得自己一次也没有冲撞吕后，吕后不至于到时候太绝情。刘邦宠爱自己，那不是自己的过失，刘邦要喜欢谁，那是谁也强迫不了的。要说改立太子，也是出于害怕才这样考虑的，而且是刘邦的主意，最后不也是没再提起吗？太子刘盈依旧是太子，吕后想必也会手下留情的。

戚夫人心里没有谱，站在殿中，只顾低头垂泪。怜香惜玉的刘邦看着这一幕，不免触动了他那颗当年豪气冲天如今却十分脆弱的心。英雄爱惜美人，可如今，英雄老矣，不仅不能保护心爱的美人，还连自己都朝不保夕，不知道哪一天离世！刘邦抚摸着戚夫人。戚夫人颤栗着，等平静了一点，刘邦轻柔地说："小美人，咱们先前都是楚人，来，跳一支楚舞，我来陪你唱支楚歌。"

戚夫人听着这些，泪水又涌出了眼眶。戚夫人站了起来，任凭泪水在秀美的脸上流淌。戚夫人能歌善舞，尤其是楚舞。戚夫人屏声静气，

展开宽大的衣袖，扭动腰肢，跳起了迷人的楚舞。脸上挂着泪水、鬓发斑白的刘邦一边欣赏着楚舞，一边踏着节拍，唱出了一首抒发心中积怨的楚歌。

刘邦浑厚苍凉的歌声在殿堂中萦回。歌声消失了，舞影也停歇，戚夫人像一片秋叶一样瘫软了下去，哭得像个泪人似的，泣不成声。刘邦抱起了戚夫人，走向内室。从这以后，刘邦再也没有提起废立太子之事。

戚夫人的悲伤当然令刘邦寝食难安。刘邦从一介平民到君临天下，自然知道他死以后戚夫人将面临的是何等的险局。吕后的心狠手辣刘邦是深知的，太子刘盈太过仁弱，戚夫人和爱子如意哪里是吕后的对手？

刘邦器重的心腹大臣赵尧几次都见皇上刘邦愁眉不展，闷闷不乐，便猜到了一二，知道了时日不多的皇上正在为什么而忧愁。这一天，赵尧见了愁容满面的刘邦，便轻声说："陛下，你天天这样焦思忧虑，是不是为戚夫人和赵王如意？担心她们不见容于皇后，恐怕将来不能保全？"

刘邦抬头看看赵尧，心情沉重地点点头。赵尧真是善解人意，能看透皇上的忧苦。刘邦叹口气，问大臣赵尧："是呀，正是担心这个，你足智多谋，有没有一个好办法？"胸有成竹的赵尧稍停一下，这才进奏："回皇上，有一个办法，不知道是否妥当。"刘邦听说有办法，便让赵尧快讲。赵尧这才说："陛下何不挑选一个精明强干、德高望重的大臣伺奉赵王，做赵王的丞相？这个大臣既要为人耿直，不屈权贵，又要不言自威，令皇后、太子和大臣有几分敬畏。有这么一个大臣辅佐赵王，大概能起些作用。"于是，刘邦就把曾经在废立太子问题上帮助过吕后的周昌派到赵王身边。

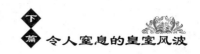

 **吕后为何厚待薄姬？**

　　在婚姻生活上，薄氏一生坎坷，是毫无乐趣可言的。然而她却生了一个世上数一数二的孝顺儿子。据说，薄氏成为皇太后之后，汉文帝以皇帝之尊，仍然对母亲孝顺如初。

　　薄姬是苏州人，她的父亲薄生在秦朝之时与从前魏国的宗室之女魏媪相好，未婚而生下了她。——薄生是苏州人，想来一定是翩翩少年，而魏媪原籍魏国，则是山西人，两人的家乡相距遥远，简直山高水长，不知怎么会相遇的？想来是战乱之中的颠沛流离，青年男女因而千里相会，产生了感情吧，当然谈不上什么婚姻。更糟的是，他们还没来得及结为夫妇，薄生年纪轻轻就死在了山阴，成了异乡之鬼。

　　魏媪拉扯着一双儿女，在乱世之中苦苦求生。

　　不久，秦朝就陷入了乱世。在这一片混乱中，从前战国年间的诸侯遗族纷纷割据自立，想要趁此乱局混水摸鱼，不捞个皇帝做也要恢复旧日家邦。

　　魏国宗室魏豹就在此时自立为王。这时薄姬已经长成亭亭玉立的少女，魏媪心怀故国，见魏豹复称魏国，便将心爱的女儿送进了魏豹的王宫，薄姬便成了魏豹的姬妾。

当时有一位很著名的星象家、相士名叫许负，魏媪请他来给女儿薄姬相面，看她能否在魏宫中出人头地。谁知道这许负一见薄姬，顿时大惊失色，他惊道："何止是在小小王宫出人头地那么平常？她日后还要生下天子，成为世间第一贵妇人！"

许负先生的相术精准如神，是广为世人推崇的。这话一说出来，魏媪简直心花怒放。而魏豹听说薄姬竟然还有这等远大前途，更是喜上眉梢，算盘珠子立时打得飞快：薄姬的儿子要做天子，而她是我魏豹的小妾，当然只能生出我的儿子来。那么，我的儿子做天子，我岂不是也有当天子之份？或者至少也可以放手一搏，为儿子打下前程吧？

魏豹说到做到，立即背弃自己和汉王刘邦所订的攻楚盟约，转而在楚汉之间中立起来，隐隐然有坐山观虎斗、想收渔人之利吞并天下的意思。

魏豹这个想法好是好，问题是好过了头，他压根就没有想到，薄姬虽是"天子之母"，自己却没有当"天子之父"的福气。

魏豹背约，令刘邦怒火中烧，这一下气得连项羽都先放在一边了，赶着就派自己的亲信将领曹参率兵，誓要先灭了两面三刀的魏豹再说。

魏国的实力怎么能是汉军的对手？于是兵败如山倒，汉高祖二年三月，魏豹的天子梦未圆，自己辛苦打下的"魏国"倒先成了汉王刘邦的一个郡。

刘邦对魏豹倒还算客气，封他做御史大夫，并让他守城。可是他的霉运正旺，不久该城被楚军围攻，与魏豹共同守城的周苛、枞公认为，魏豹曾自立为王，是个靠不住的人，于是杀了他。

当初魏豹败后，魏宫中的女人们全部被俘。由于是"罪妇"，薄姬等人没有资格充当刘邦的姬妾，只能去做宫中役使的婢女，于是她们都被送进了"织室"。

事情到了这一步，薄姬只能自叹命薄，一句"当生天子"，居然使她到了这等处境，变成了皇宫中最下贱的仆妇，去哪里生天子呢？

不过，世间总是意外多。魏豹死后，刘邦偶然想到了魏宫的姬妾宫人，于是便到囚禁她们的织室去瞧瞧。

这一瞧之下，刘邦顿时心旷神怡，发现死鬼魏豹的宫人中居然不乏美色婵娟。于是春心大动，挑选了一批姿色出众的女奴送进自己的后宫中，薄姬就在这批女人当中。一时间，薄姬以为自己将要时来运转了，不禁又想起了当年许负"生天子"的预言，心中无比雀跃。

谁知道，老天爷又再一次把她丢进了深渊。刘邦内有悍妻吕雉，外惑于诸夫人，何况薄姬的姿色在魏宫女眷中并不出众，因此刘邦压根就不曾注意过这个小妾。

一年多的时间过去了，薄姬连刘邦的面都没能再见到。眼看青春流逝，她只能自叹命苦。就在这个时候，老天再一次展现了奇迹。

当初在魏宫中，年少的薄姬有两个最要好的女友，一个叫管夫人，一个叫赵子儿。薄姬视二人如同姐妹，知心贴意，还和她们立下了盟誓："假如三人中有谁先得富贵的话，一定不会忘记另两人，要共享富贵和机遇。"

想当初薄姬在魏宫时，可是不折不扣地履行了自己的誓言，然而到了汉宫，管夫人和赵子儿却将与薄姬的盟誓当成了一场笑话。也许是她

们仍然嫉妒薄姬昔日在魏宫中超过她们的地位，也许只是根本就将这位姐妹视做过眼烟云。

汉高祖四年，刘邦来到了河南成皋灵台。这时陪伴他的姬妾正是管夫人和赵子儿。这两个女人一时间十分受宠，得意非凡，闲聊的时候提起了当初和薄姬立下的誓言，觉得薄姬十分可笑，于是嬉笑不止。

刘邦无意间听到了一点话头，见两人笑得有缘故，便开口询问。管夫人和赵子儿只得一五一十地将底细都说了出来。刘邦对这两个没有良心的女人十分反感，转而心生凄凉之意，对可怜的薄姬同情起来。因为好友的背叛，薄姬反而得到了被刘邦召见的机会，人的命运真是不可揣测。

就在头一天晚上，薄姬做了一个怪梦，梦中飞来一条龙，盘踞在她的身上。梦醒后正在诧异之中，却忽然得到了为刘邦侍寝的机会，于是便将这个梦境告诉了刘邦。

刘邦一听，十分高兴，认为此事乃是天缘，对薄姬说："这是你将要富贵的征兆，我成全你。"

就这么一次偶然的机会，薄姬居然就怀上了身孕，当年便生下了一个儿子，取名刘恒。但是，刘邦并没有因此喜欢上薄姬，他当初召她侍寝，几乎等于是在"日行一善"，所以很快也就把她抛到了九霄云外，特别是她怀孕生产之后，更是连面都不见她一次。薄姬虽然为刘邦生下了儿子，却还是长年枯守孤灯，纯粹守活寡。

孤寂的薄姬在长达八年的时间里，默默无闻地僻处掖庭一角，抚养着刘恒。由于极其不受宠爱，偏偏又生了儿子为诸宠姬所妒，薄姬的处境可想而知。渐渐地，她养成了谨小慎微、凡事忍让的态度，就连按照制度派来侍侯她的宫女，她都不敢得罪。在刘邦的后宫中，薄姬母子几乎成了"好欺负"的代名词。

这样的处境当然是苦恼的，但是世事就是那么翻云覆雨，难以预料。刘恒八岁这年，是汉高祖十二年，就在四月甲辰，他那高高在上、几乎不曾多看他一眼的父亲刘邦去世了。大权独握的太后吕雉虽然对戚夫人母子进行了残忍的报复，对薄姬的态度却非常公正。这当然是因为薄姬为人小心谨慎，更是因为薄姬和她一样，没有得到过丈夫刘邦应该给予的善待，除了人生经历和身份头衔略有差距，在遭到丈夫冷淡这方面，吕雉觉得自己与薄姬多少有点同病相怜。

正因此，薄姬意外地得到了吕雉特别的恩遇：薄姬被吕雉送往儿子刘恒的封地，不但让她们母子团圆，更给予她"代王太后"的称号，使她成为大汉王朝仅次于吕雉的贵妇人。

话再说回来，吕雉对薄姬如此善待，却对戚夫人下如此狠手，是不是也正反映出，戚夫人在得到刘邦宠爱的时候，确实做出过很多让人无法原谅的事呢？总之，任何事都是有因果的，夫人遭遇虽惨，却也不会是完全无辜。

正是因为她在得意时不但夺夫，而且再三试图夺嫡（这就等于是想要吕雉母子的性命），特别是在败下阵之后还要嘴硬，无端地唱歌，希望儿子来报仇，因此还害了儿子的性命。真正让人惋惜的是被她利用来夺夫夺宠的刘如意，这个可怜的少年，只因有了这么一个不知天高地厚的生母、又碰上了一个如此下得去手的嫡母，不得不死于非命，才真是无辜。

刀光剑影的长安皇宫

　　薄姬终于离开了暗涛汹涌、刀光剑影的长安皇宫，在仪仗的前呼后拥中来到了儿子的封地代国——晋阳（今山西）。从此，薄姬的人生揭过了命薄如纸的一页，风光和荣耀开始围绕在她身边。随着薄姬一起来到代国的，还有她的弟弟薄昭和她的母亲魏媪。

　　晋阳，是一座风景秀丽依山傍水的城市，薄姬多年来守完活寡，守死寡，她早已习惯了没有丈夫的日子，如今虽然依旧寡居，但是所有的家人都能够最终团聚，并且在儿子的封国享受富贵，薄姬已是喜出望外。刘恒年幼，薄姬作为代王太后，实际上就成了代国的主宰，王宫中人人都对她趋奉逢迎，这可真是薄姬有生以来连想都不曾想的好日子。她每日里只是关照儿子的饮食起居，在王国中游山玩水，舒服之极。

　　正当薄姬在代国这个世外桃源享受人生的时候，其他的刘氏诸王母子，却在水深火热中煎熬。

　　公正地说，吕雉是一个出色的政治家，在她实际掌管国家的时间里，大汉王朝休养生息，天下太平无征战，海内晏然。然而在处理家务方面，

吕雉却不折不扣是一个怨毒深重的悍妇。她处置戚夫人和刘如意母子的狠辣手段，使得母亲被幽禁的刘氏诸王都胆战心惊，每时每刻都在为自己和远方母亲的安危而战栗。

不过吕雉并没有自己当皇帝的打算，她只是想发泄怨毒、大权独揽，并让亲生儿女和吕家荣华富贵而已。

首先，吕雉给惠帝来了个"亲上加亲"，让他娶了姐姐鲁元公主的女儿张嫣。张嫣也许并不是鲁元公主的亲生女儿，但是即使是庶出，她也是惠帝的外甥女，惠帝刘盈对这桩婚事十分不满。不知道是不是这个原因，张嫣一直没有生育。着急的吕雉一不做二不休，将刘盈的两个儿子刘恭和刘弘都算在了张嫣的名下，而两个真正承担了生育之职的妃嫔却被一杀了事。

惠帝刘盈被"人彘"惊吓成病后一直身体虚弱，再加上日夜放纵情欲，二十四岁就去世了。继位的少帝只有几岁年纪，掌政的吕雉面对满朝曾与刘邦共事的官员，与其说悲伤不如说忧虑，因此她在哭儿子时，虽有哭声却无眼泪。这个细节没有逃过张辟疆的眼睛。他是张良的儿子，家学渊博，立即明白了原由。于是他密告丞相曹参，并告诉他怎样才能保全满朝文武的安全。

曹参依计行事，建议吕雉拜诸吕为将，由吕氏掌握兵权。吕雉立即全盘接受。同时，为了避免年长的刘邦庶子们又来打皇位的主意，更为了将吕氏家族与刘氏家族紧密相联，保证吕家长久富贵，她想到了联姻，把耳报神安到他们的床上去。于是她将吕家的适龄姑娘们尽可能地嫁给了刘氏诸庶子庶孙为王后。这些个吕氏可都是正宗的扫帚星，把她们的

丈夫都害苦了。

刘邦共有八个儿子，除了齐王刘肥、惠帝刘盈，依次是赵王刘如意、代王刘恒、梁王刘恢、淮阳王刘友、淮南王刘长、燕王刘建。从排行可以看得出来，除了刘肥的年纪比较大，其他的诸王都比刘盈、刘恒还要小。

现在，这群长在绮罗中的刘氏少年们，都面对着令人胆寒的嫡母、难测的命运。

十四岁的刘如意被毒死后，吕雉将淮阳王刘友迁到赵国为赵王，并将一位吕氏女塞了给他当王后。刘友对这位吕王后望而生畏，敬而远之。结果惹得胭脂虎勃然大怒，立即回了娘家，向吕雉诬陷自己的新婚丈夫意图谋反。

吕雉立刻将刘友召至长安，囚禁起来，断绝他的饮食。凡是同情刘友偷送饮食的官员，都被逮捕问罪。刘友被悍妻恶母所害，最终活活饿死。临终时他作歌道："诸吕用事兮刘氏危，迫胁王侯兮彊授我妃。我妃既妒兮诬我以恶，谗女乱国兮上曾不寤。我无忠臣兮何故弃国？自决中野兮苍天举直！于嗟不可悔兮宁蚤自财。为王而饿死兮谁者怜之！吕氏绝理兮讬天报仇。"

又一位少年亲王的无辜惨死，更使得刘家兄弟们与吕氏结下了不共戴天的深仇。吕雉知道事情到了这个地步已经难以挽回，干脆就干到底。接着，她把梁王刘恢迁为赵王，将吕产的女儿嫁给刘恢，再将吕产封为梁王。

这位吕王后倒还不至于谋杀亲夫，她对才貌俱佳的刘恢倒是很满意的，刘恢温文尔雅，对吕氏也还不错。但是万没想到，吕王后的狠妒却比吕雉还更上一层楼。新婚还不到一年，她就撕去了新嫁娘的面纱，派人把刘恢的爱姬毒死了。刘恢郁郁寡欢，为爱姬作了四首挽歌，每天反反复复吟诵不止。爱姬死后仅仅四个月，伤心欲绝的刘恢便自杀殉情了——假如不是吕雉逼着刘恢娶吕家女，本来这位宠姬才是真正的王后，但是世上偏偏有个吕雉，于是这对有情人便不得不到黄泉去比翼双飞了。

吕雉对刘恢居然敢以死相争，让自己家的姑娘当寡妇这件事，感到无比愤怒，坚决不肯为他过继儿子，于是刘恢至此绝嗣。

接下来是燕王刘建。刘建也娶了吕氏为王后，这位吕氏虽然比前两位要好那么一点，但是刘建对她也绝无感情，反倒是与宫中的美人有情，生下了一个儿子。不久刘建也在抑郁中早逝。吕雉听说刘建的儿子身上流的居然不是吕家的血，竟敢冷落吕氏王后，于是怒火再次燃烧，派人把这个幼儿给杀了。刘建后继无人，燕国便成了吕通的封国。

齐王刘肥是兄弟中最年长的一个，也是最早得善终的一个，他去世后，长子襄继位为王，次子刘章十五岁，封为硃虚侯，娶吕禄之女为妻。刘章性情豪爽，与吕氏倒真有夫妻情谊，因此深得吕雉欢心，几乎被这位嫡祖母视作亲儿子看待。

在三位刘氏亲王相继早逝之后，满朝文武都愤愤不平却又不敢做声。刘章却胆大，偏要为小叔叔们打抱不平。

于是在一次陪吕雉宴饮当监酒官的时候，刘章首先要求以军令行酒。接着还当场借题发挥，说种好地的关键，就是要把地里不是自己所种的苗拔尽才行。

吕雉听了这话，知道是在讥刺自己，也知道是在影射诸吕非刘氏种，

未见得有好下场。于是默然无语。

正在这个时候，有一位吕姓族人逃酒，刘章立即追出殿宇，当场把他一刀两段，然后回报吕雉："有一个逃酒的，被我用军法处死了。"吕雉和诸吕一听，顿时大惊失色，从此都对刘章畏惮不已。

随着时间的推移，逐渐长大的少帝刘恭听说了自己并非张嫣亲生、生母已被吕雉杀死的事情。这个不到十岁的孩子不知利害，怀着赤子之心满怀愤恨地说："等我长大了一定要为母亲报仇！"吕雉得知这个消息，吃惊之下立即斩草除根。她先宣称小皇帝生病不能上朝，将少帝幽禁起来，再暗下杀手，说他病死了。群臣虽然知道其中有鬼，却都无计可施。

少帝被害后，吕雉立惠帝的另一个儿子刘弘为帝，并且将侄儿吕产的女儿立为皇后。而大权仍然紧握在吕雉自己的手里。不幸的是，吕雉实际上在重蹈刘邦的覆辙，她再多的安排也不能确保她死后的世界仍保持原来的样子。

公元前180年，吕雉去世了。诸吕害怕老臣和幸存的刘氏诸王秋后算账，于是阴谋作乱，想要夺取刘氏天下。

然而刘章之妻吕氏，却对丈夫一往情深，惟恐他死于非命，她做出了背叛家族的举动：将诸吕的计划向刘章合盘托出。刘章又立即将消息飞报给了哥哥齐王刘襄。于是吕氏家族很快就覆灭了。

为了消除隐患，以周勃为首的大臣们想出了一个与吕雉不相上下的狠招：愣说小皇帝刘弘不是刘盈的亲生儿子，将他赶下皇座，他的嫡母张嫣则被打入冷宫。不久刘弘就和他的小吕皇后这对娃娃夫妻双双"暴

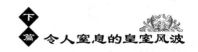
毙"。至此，与吕氏家族有关联的最后一丝血脉被斩断。

那么，现在该让谁当皇帝呢？

多亏吕雉孜孜不倦的"除苗"工作，此时刘邦的儿子当中，只剩了代王刘恒和淮南王刘长了。齐王刘襄一系虽然在铲除吕族方面立下了首功，但是他们毕竟是孙辈，而且他们还有一个凶悍无比的舅父——谁也不想再侍侯一个换汤不换药的阴狠外戚家族。刘长母家的亲戚为人也不比刘襄母家的好多少，只有代王刘恒之母薄氏家族，一向以克己谨慎闻名于世。一比之下，大臣们立刻拿定了主意。

这样一来，皇帝的龙袍，就如同一块大馅饼，向远在晋阳与世无争的代王刘恒头上砸来。公元前189年闰九月，迎接刘恒进京为帝的使者来到了代国。

这时的刘恒，已经做了十七年的亲王，时年二十四岁。他简直不能相信，世上还有这样的好事，他和他的臣属们（除了一个叫宋昌的）都认为这是一个阴谋，万万不能相信。然而他的母亲薄姬却觉得这是天意。为了稳妥起见，薄姬让刘恒采用自己深信的卜筮之术，以占卜星象决定。占卜的结果是上上大吉。

于是刘恒放了一半心，让舅父薄昭随使者进京，直到得到舅父的肯定答复，他才轻车简从向长安进发。

这时刘恒的心还没有完全放下，来到长安城外五十里处，他再次派人打探消息，确信无疑后，才前往渭桥与迎接的大臣相会。当人群将他前呼后拥送进未央宫后，他成为大汉王朝的第五任皇帝。刘恒即位后，封自己的母亲薄姬为皇太后。

死为鬼雄：西楚霸王项羽之谜

　　西楚霸王项羽是中国军事思想"勇战派"的代表人物，秦末起义军领袖。项羽的武勇和其个性为汉民族千古流传。项羽性格刚烈，甚至刚愎自用，最终落得失败的下场。项羽传奇一生有着不少不为人知的谜团。

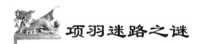
项羽迷路之谜

　　司马迁曾亲自游历名山大川，所以（楚汉）双方渡江涉河、斩关夺隘时的地理形势，都能于回旋曲折之中给人以条理分明、江山如望的亲切感。

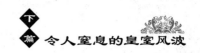

垓下是楚霸王自刎之地，阴陵与项羽死地密切相关。项羽到底是在哪里迷路的？从当时情势判断和史籍证明，阴陵为山名，位于与东城接壤的历阳边陲，弄清它的确切所在，至为重要。历来，注家对阴陵的注释多有分歧，归纳起来，约有三说。

一为"灵璧说"，以阴陵为山名。持此说者，以《安徽通志》和《凤阳府志》为据。《安徽通志》云："垓下聚在灵璧县东南阴陵山之南"。《凤阳府志》云："阴陵山在灵璧县东南十五里，与泗州接界，项羽失道于此。"按《史记·项羽本纪》，项羽迷失道在渡淮以后，灵璧的阴陵山在淮水之北，项羽不可能于渡淮之后，返渡淮北。这是显而易见的。清乾隆《灵璧县志》早有考订："……考《史记》注，阴陵在淮南，不应入《灵璧志》。"

二为"定远说"，以阴陵为故城。《定远县志》云："阴陵城，县西北六十里，馍邪山南，周围二里，故址犹存……羽溃南山驰，汉骑将灌婴追羽过淮，羽至阴陵迷失道即此。"这种说法同样是靠不住的。其一，定远县的馍邪山从未有"阴陵"之名。位于今定远县靠山乡古城行政村的阴陵故城遗址，北依馍邪山麓，地高势险，遗址及其周围并无大泽，"陷泽"之说不能成立。据此，阴陵当非故城。其二，项羽垓下直夜突围，平明汉军方觉，乃追之。说明项羽突围是成功的。以时间推论，直夜至平明，时值隆冬，约有六小时之多，"日行千里"的乌骓，在只有追击没有堵截的情况下，早已飞渡淮河。按当时的情势判断，身经百战、具有战争实践经验的项羽，在渡淮后不会舍弃东城县境的平原捷径，偏离"南出"、"向东"的预定路线，翻越山势峻拔、骑难驰驶的馍邪山

（灌婴的"车骑"更难通过），而投向阴陵故城。《史记》和《汉书》以同样的文字记载："项籍败垓下去也，婴以御史大夫将车骑别追项籍至东城，破之。……下东城、历阳。"只字未提阴陵。如果项羽迷失道阴陵故城或阴陵县境，灌婴追兵必过斯境，《灌婴传》当记述为"下阴陵、东城"，而不会记作"下东城、历阳"。

三为"和县说"，以阴陵为山名。这种说法比较可信。理由有三：一、据史料记载，楚汉相争之时，历阳（今安徽和县）与东城为邻县，项羽过滁后，由东城县境进入历阳县境，迷道于历阳阴陵山前，受田父绐，陷大泽（今和县石杨镇绰庙社区裕民圩）。这不仅符合项羽溃围南出的客观路线，且与项羽溃围的时间、灌婴追击的行程，也十分吻合。二、"和县说"有翔实史实为据。《舆地纪胜》载："阴陵山，在乌江县西北四十五里，即项羽迷道处。"《纲鉴易知录》："阴陵山，在今安徽和县北，接江苏江浦县界。"《直隶和州志》："阴陵山、州北八十里，旁有泽，名红草湖。春夏之交，潦水涨发，弥漫无际，即阴陵大泽者也。"并引《述异记》云："阴陵九曲泽，泽中有项王村，项王失路于泽中，周回九曲，后人因以为名。"《中国古今地名大辞典》记载："阴陵山，在安徽和县北八十里，接江苏江浦县界。"并引《舆地纪胜》"即项羽迷道处。"三、有名人诗作为佐证。唐长庆四年（公元 824 年），刘禹锡由夔州（今奉节县）迁任和州（今和县）刺史，任内曾撰《和州志》，其志今虽亡佚，但却留下了志书的图经序（即《历阳书事》），以诗的形式记述了和州名胜："一夕成湖地，千年列郡名。霸王迷道处，亚父所封城……"唐诗人张祜游和州阴陵山，曾作《过阴陵山》，诗云："壮士凄惶到山下，行人惆怅上山头。生前此路已迷失，寂寞孤魂何处游？"

（见《直隶和州志·山川》引《全唐诗》）。

乌江亭长为何能料事如神？

《史记·项羽本纪》载："于是项王乃欲东渡乌江。乌江亭长舣船待。""项羽垓下兵败，其势也是急转直下的，中间又因取道阴陵、迷途受饴才为汉军追及，而远在三百里之外的乌江亭长，纵有救项羽之心又何以会料事如神，预先舣船以待？难道说还有谁用什么先进通讯工具通知他：项王于某日某时将从此过江？"

实际上，《史记》对"舣"字注释得非常清楚：应劭曰"舣，正也"。孟康曰"附也，附船着岸也"。如淳曰"南方人谓整船向岸曰舣。"由此可见，舣船是整船向岸的动态表述，并非于"预先"以船而待的静止状态。据此可知，正在整船向岸的乌江亭长，见了熟识、而且相知的本国之王，劝其渡江，当在情理之中。项羽十分冷静而又理智地判断了当时的形势，以"天亡我也"，谢绝亭长之美意，称亭长为"长者"（对德高望重者的尊称），并将乌骓宝马赐与他。可见二者之间交往之深，相识非浅。笔者认为项羽本欲渡却不渡，是当时客观形势的决定。假使项

羽同意渡江，试问亭长一人操持的船有多大？能渡几人？当时之船充其量只能载项羽单人匹马，其余部下不可能同时渡江，因此，项羽才有"籍与江东子弟八千人渡江而西。今无一人还……"的中肯之论。"今无一人还"，并非夸张。

这就是说想东渡乌江的不是项王，而是项王的部从，所以下文紧接乌江亭长的一段劝说，然后接下句"项王笑曰，天之亡我，我何渡为"一大段，说明项王不能渡江的道理。这样文章才上下贯通，没有矛盾。

"欲"即想。项王初衷想东渡乌江；败退乌江，客观形势不容渡，改变初衷而不渡江，有何不可？《史记·高祖本纪》："项王已死，楚地皆降汉，独鲁不下。汉乃引天下兵欲屠之，为其守礼义，为主死节，乃持项王头视鲁，鲁父兄乃降。"汉初想屠城，后改变方法使鲁投降，并未屠城。这里不能强求汉一定要屠城。汉欲屠而未屠，以胜告终；项王欲渡而未渡，以死结局，成了鲜明的对比。这正是司马迁"笔削冠于史籍"之所在。

以《高祖本纪》"骑将灌婴追杀项羽东城，斩首八万，遂略定楚地"的记述为依据，否定《项羽本纪》项羽自刎乌江的史实，至少有二个问题不能自圆其说。其一、《史记·项羽本纪》明确记载：项羽率八百骑突围，过淮能属者百余骑，至东城乃二十八骑。于东城"斩首八万"从何说起？其二、《史记·高祖本纪》载："五年，高祖与诸侯兵共击楚军，与项羽决胜垓下。淮阴侯将三十万自当之，孔将军居左，费将军居右，皇帝在后，绛侯、柴将军在皇帝后。羽之卒可十万。淮阴先合，不利，却。"由此可见，将三十万大军的韩信与籍交战，尚不能占得便宜，如果项羽有八万之众，并据东城固守，与灌婴五千骑血战，灌婴又如何敌得过兵力超过自己若干倍的项羽？其实《史记·高祖本纪》的这段文字，并非灌婴战绩的具体记载，而是记述刘邦垓下决战所取得的胜利。"骑将灌婴追杀东城"的"东城"，并非东城故城，而是"东城县境"。这里的"追杀"，不能等同于单一"杀"的含义，全句犹言灌婴奉刘邦之令，追逐、打击项羽于东城县境。"斩首八万"，是指刘邦决战垓下消灭项羽的总人数。

那么，"项王'至东城，乃有二十八骑'又'汉军围之数重'。项羽自己已'自度不得脱'，何以能忽而来到三百里之外的乌江？"如前所述，这里的东城，并非东城故城，而是东城县地。本来奔驰在东城县地的项羽，至历阳阴陵迷失道。当他弄清方向后，即"复引兵而东"重新回到东城县地。复，返回也。《易泰》训义："无往而不复"。"汉军围之数重"的地点，也不在东城故城，而是东城县境内的"四溃山"（今乌江驷马山）。此山本是无名小山。名始见于《汉书·项籍传》：项王"于是引其骑，因四隤山而为环陈外向"。《太平寰宇记》载："四溃山和州北七十里，项王分骑为环阵，四面驰下，溃围斩将，即此处。""项王自度不得脱"，是项羽对当时形势的正确判断。再度突出重围，是他"快战"——置生死于不顾，痛痛快快打一仗的结果。

其实"项羽自刎乌江"与"身死东城"并无歧异。据有关古籍记载，秦汉之时，乌江以亭制隶属于东城县。《舆地广记》载："乌江本东城县之乌江亭，项羽欲渡乌江即此。两汉属九江郡，晋置乌江县……"唐《元和郡县图志》："项羽南走至乌江亭，灌婴等追羽，杨喜斩羽于东城，即此地也。"《直隶和州志》引《太平寰宇记》："乌江县本秦乌江亭，

汉东城县地。项羽败于垓下，东走至乌江，亭长舟待羽处也。晋太康六年始于东城县界置乌江县。"章学诚《和州志》记载更为明确："和（州）处江北而实介于淮海之间。故扬州域内也。春秋战国皆属楚地，秦为九江郡之历阳县及东城县之乌江亭地，历阳为都尉所治。汉高帝更九江郡为淮南国，历阳及东城乌江亭地如故……太康六年即东城乌江亭地置乌江县，与历阳俱属淮南郡。"

由于乌江县置于东城县界，后来的众多著名诗人骚客，在他们的诗文中仍以"东城"旧称代名乌江。唐著名诗人张籍（和州乌江人），闲居乌江时，曾作《闲居》诗，有"东城南陌尘，紫幰与朱轮"诗句（《张司业集》）。宋贺铸于元祐元年出任和州通判，在《迁家历阳江行夜泊》中写道："黄泥潭口杈征篷，回首东城祇眼中。"（《庆湖集》）诗人回首之际，看到的只是乌江，不可能望见相距三百里外位于今定远县的故城东城。明人杜浩（和州丰山杜村人，北宋歌豪杜师雄后裔）有"古来无敌归仁者，漫说东城斩将功"咏史诗句（《南荛村集》）。清人释传彝《过霸王庙》诗云："西风古庙飞黄叶，落日荒江冷碧波。抔土东城休怅望，汉家无复旧山河。"（《江雨集》）

根据上述史料记载，著名诗人的佐证，乌江隶属东城确定无疑。据此可知，《史记·项羽本纪》关于项羽自刎乌江的记载，与论赞"身死东城"的提法，并无矛盾，自刎乌江，是具体记述；"身死东城"是"身死东城乌江"的简略。这种简略，古今皆有之，不足为怪。通读《史记》，类似者多处。现举一例如下。《史记·匈奴列传》："冒顿纵精兵四十万骑围高帝于白登，七日，汉兵中外不得相救"。《史记·高祖本纪》

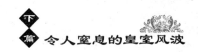

则说："高祖自往击之……匈奴围我平城，七日而后罢去"。白登是平城县的一座山，犹如乌江是东城的一个亭，两者相似何其乃尔，不言而喻。

项羽自刎乌江的史实源出于司马迁《史记·项羽本纪》，严于治史的班固在断代史《汉书》中亦如是秉笔直书。清代学者严可均辑《全汉文》云：项王"名籍，字羽，下相人，楚将项燕孙。……汉元年，自立为西楚霸王，都彭城。五年，兵败，走乌江，自刎死。有《兵法》一篇。"足见汉代即肯定了项羽乌江自刎的史实。

项羽自刎乌江，不仅见载于《史记》和历代诸家史书，且有史迹为证。今乌江驻马河，原名驻马塘，因项羽驻马于此而得名。南朝梁任昉《述异记》载："今乌江长亭，亭下有驻马塘，即当时乌江亭长舣舟待羽处。"《和州志》记载：刘邦以鲁公号葬项羽后，乌江亭长即在项羽自刎之地埋葬了项羽的血衣和残骸，并立亭以祀，名曰"项亭"。唐时建祠，规模宏伟，李白从叔李阳冰为之篆额，曰："西楚霸王灵祠"。历代相继修缮，灵祠长存至今。每年农历三月初三，乌江举行霸王庙会，仪式隆重；插花山（即阴陵山）祭祀虞姬，声势浩大，香火极盛，且渐由单纯祭祀扩展为集市贸易。是时，游人如织，省内外高朋嘉客慕名而来者，络绎不绝。自唐以来，历代名人多有诗文，或吟颂，或赞叹。唐李德裕尝拜谒项王祠，作《项王亭赋》。晚唐诗人杜牧曾作《题乌江亭》，对项羽自刎乌江、没有东渡、捲土重来而深表惋惜。宋王安石有"江东子弟今犹在，肯为君王捲土来"诗句。女词人李清照有"生当作人杰，死亦为鬼雄，至今思项羽，不肯过江东"绝句。乌江县令龚相在其《项王亭赋》序中写道："前人遗迹往往化为榛莽狐狸之区矣，独项王亭去

古浸远，于邑为近，"并赞项羽："临江不渡，留骓报德，有何怠也"（《项王庙碑》）。元达鲁花赤不兰溪在《重修西楚霸王庙记》中云："……由汉而下，革十五代，城郭宫陵榛莽，独王血食斯土。"

这里，尽管诗人、学者、政要，对项羽的评价各有所见，但他们对项羽自刎乌江的史实，却一致认可。

项羽活命之谜

项羽是楚国人，老家在下相县，也就是今天江苏省宿迁县。江苏在中国的东南沿海，而秦帝国的都城咸阳在西北的陕西西安，相距一千多公里。这点很重要，有助于揭开一个谜，一个 2200 年从来没有人提起过的活命之谜：项羽是怎么活下来的？因为历朝历代，像项羽这样世代为楚将的人，都是要被杀头、被满门抄斩的。更何况击败项家占领楚国的人，是被几千年骂作暴君的秦始皇。项羽应该死于 10 岁那一年。

项羽 10 岁那年，公元前 223 年，秦将王翦攻破项燕组织起来的淮南防线。楚军溃不成军，项燕战败自杀，楚国灭亡。

项燕为什么自杀？《史记》没写。也许是杀身成仁；也许是自知难逃一死；也许是羞愧于战败；也许是灰心绝望，都有可能。但是，有文

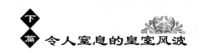

字把《秦始皇本纪》中的"项燕遂自杀"翻译成：项燕在王翦的逼迫下自杀。这样一来，王翦成了杀人凶手。更有甚者，还有翻译成"项燕被王翦杀害"。这未免过于偏向，对读者有误导作用。两军相对，生死由天。不存在谁杀害谁，谁逼死谁的道德评判。

假设项燕不自杀而是向王翦投降，他能保住性命吗？以后人对秦始皇的误解，似乎不能。即使项燕不自杀，秦始皇也会杀他。秦始皇不杀他，秦将王翦也会杀他。退一步讲，即使秦始皇不是暴君，秦军不是杀人机器，在那个时代，战败的将军被杀被灭门是很普遍的事情。不用举其它的例子，我们就看秦始皇本人。当造反军灭亡了秦帝国之后，秦始皇的弟弟秦王子婴，虽然用丝带系颈、驾素车白马，捧着天子的印玺符节向刘邦投降，可是结果还是被项羽和刘邦斩首灭门，秦始皇一支从此断绝了祭祀香火。

可是，历史的事实却是，除了项燕自杀外，项羽的家人却都活了下来。项梁、项伯、项羽、项庄、项它，他们后来都成为秦末战乱时期的枭雄。

项羽是怎么活下来的？是乘乱潜入民间，又得楚国旧地拥戴者的拼死保护，这才得以活命？

《史记·项羽本纪》有这样一段记载，揭开了项羽活命之谜："项羽的叔父项梁曾经教项羽读书习武学兵法。后来项梁因罪案受牵连，被栎阳县逮捕入狱。他请蕲县狱掾曹咎写信给栎阳狱掾司马欣说情，事情得以了结。后来项梁又杀了人。为了躲避仇人，项梁带着项羽逃到会籍郡的郡府所在地吴中县。吴中县有才能的士大夫，本事都比不上项梁。因

此，每当吴中县有大规模的徭役或大的丧葬事宜时，项梁经常做主办人。项梁暗中用兵法来组织宾客和青年，借此了解他们的才能。

"秦始皇游会稽郡渡浙江时，项梁和项羽一同去观看。项羽说：'那个人，我可以取代他。'项梁急忙捂住他的嘴说：'不要胡说，要满门抄斩的！'但项梁却因此而感到项羽胸有大志，很不一般。"

上述文字透露出四点信息：第一，楚国灭亡之后，项家的生活还很不错，很自由。根据时间推算，楚国灭亡项燕自杀时，项羽10岁。项羽学习兵法不同于学《三字经》，不理解可以死记硬背，学兵法需要有足够的理解能力。据此我们推断，项梁教项羽学习兵法的时间，应该是在项燕战死楚国灭亡以后。这说明楚国灭亡后，项家生活不错，仍然可以自由地读书、习武、学兵法。这个推测得到了《史记》其他篇章的佐证：秦始皇消灭六国之后，并没有对六国的王族和将军大臣进行追杀和监禁。

比如《史记·留侯世家》对张良的记载：留侯张良，他的先人是韩国人。祖父开地，做过韩昭侯、宣惠王、襄哀王的相国。父亲平，做过釐王、悼惠王的相国。悼惠王二十三年，张良的父亲平去世。张良的父亲死后二十年，秦国灭亡了韩国。张良当时年纪轻，没有在韩国做官。韩国灭亡后，张良家有奴仆三百人，弟弟死了却不安葬，而是用全部财产寻求勇士谋刺秦王，为韩国报仇，这是因为他的祖父、父亲做过五代韩王之相的缘故。

上述文字显示，秦始皇消灭韩国后，没有将做过韩国五世宰相的张良家斩首灭门，甚至没有被没收财产。张良家还有奴仆300人，还可以

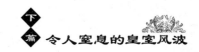

在家策划刺杀秦始皇的行动，而且这个行动后来还真的实施了。

《史记·田儋列传》也记载，秦始皇消灭齐国后，同样也没有把齐王满门抄斩。齐王的族人田儋仍然过着使奴唤仆的奢华生活。

第二，秦始皇统一中国后，曾下令把全国的豪富 12 万户迁往咸阳，项氏家族也在此列。得出这样结论的依据是项梁被捕入狱这件事。

《史记·项羽本纪》记载，项梁因罪案受牵连，被栎阳县逮捕入狱。他请蕲县狱掾曹咎写信给栎阳狱掾司马欣说情，事情得以了结。

栎阳县属于秦始皇统一中国前的诸侯秦国，位置在秦国都城咸阳东北 50 公里处。而项氏老家下相县在江苏宿迁，相距一千多公里。项梁如果在家乡犯事，不归栎阳县管辖。如果栎阳有人犯罪，项梁是同谋，也不应该由栎阳县往返两千多公里去抓捕项梁，而应该由当地的下相县抓捕。所以，项梁应该是在栎阳县或者咸阳犯事被抓。

项梁在家教导项羽等子弟读书、习剑、学兵法，怎么会跑到一千公里以外的地方犯事？合理的解释是：这个时候，项氏家族不是居住在下相县，而是居住在咸阳，或者离咸阳不远的栎阳县。也就是说，项梁一家在 12 万户豪富之列被迁往咸阳，是在秦始皇的眼皮底下，教项羽及项氏子弟读书、习剑、学兵法，不慎犯事入狱。

第三，秦始皇平定楚国后，没有像历史上的战胜者那样，把战败的楚国人贬斥为秦国人的奴隶，而仍然是让楚国人自己为官，管理楚国。《史记·项羽本纪》记载，"项梁犯事入狱之后，托蕲县的官吏曹咎写信给栎阳县的司马欣通关系，事情得以了结。"

项梁为什么千里迢迢托蕲县的曹咎，再让曹咎千里迢迢去给栎阳县

的司马欣通关系？说得通的解释是：项梁在秦国地界人地生疏，没有人可以通关系；而他在楚国地界经营多年，可能当年有恩于楚国人曹咎，万般无奈，只好这样不远千里托人情。

狱掾是一个很小的官吏。楚国人的曹咎给秦国人的司马欣一封书信，司马欣便欣然放人，说明当时秦国人对楚国人没有歧视。之所以能如此，必定是来自于秦始皇的明确旨意或行为示范。

关于这方面的例证还能从《史记·高祖本纪》等史籍中得到佐证。

秦始皇平定楚国后，楚国人刘邦、萧何、曹参等都能够在当地为官。萧何还因为业绩突出，差一点就被秦帝国的御史提拔到中央工作。这说明秦始皇对占领的楚国人是一视同仁的。

第四，秦始皇对迁往咸阳12万户诸侯六国的豪富，没有管制和监禁。这些人可以自由地离开咸阳，回到旧国故地。《史记·项羽本纪》的记载可以为证，"项梁后来又杀了人，为了躲避仇人和处罚，他和项羽一起逃回楚国地界的会稽郡府吴中县。"

项梁回到楚国旧地后，没有隐姓埋名，而是大模大样地住在会稽郡的郡府，并广为结交士大夫，网罗子弟。还协助官吏组织大型的民工徭役，操办县内大型活动。项梁这样的人物离开咸阳，没有受到官方的追查和通缉，说明其行动自由；在楚国旧地吴中县出现，也没有受到会稽郡和吴中县的盘查和逮捕，还和当地官府和豪杰密切交往，抛头露面。这说明秦始皇对这样的豪门并未特别监管。会稽郡和吴中县也没有因为项梁这样的旧贵族身份而对他加以限制和打压。

至此，项羽为什么能活命的谜团解开了：因为秦始皇的仁慈。

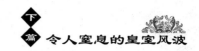

秦始皇根本就没有想要斩草除根杀项燕的后人。不仅如此，甚至没有将他们贬为庶民，或将其充军流放。而是允许他们保留财产，富足生活，自由往来。说秦始皇是项羽及项家的再生父母，一点也不过分。

然而，秦始皇的仁慈得到的回报是什么呢？是项氏宗族和项羽的感恩戴德，或知足常乐吗？不是！是仇恨，刻骨的仇恨！

项羽的忘恩负义教育了刘邦。所以刘邦得势之后，一定要把项羽等人包括有能耐的功臣都杀干净，甚至连张良也不能幸免，张良一死，他的儿子张不疑就被以一个"不敬"的罪名抄没家产扫地出门。从此之后中国历史上对敌人、对盟友总是要斩草除根。

 项羽藏宝图秘闻

在浙江绍兴柯岩街道的项里村，一直流传着一个关于项羽宝藏的传说，而找到宝藏的关键，就是破译项羽于江东起兵前夜，在项里村村东草湾山上所刻神秘字符的含义。

据说，谁能破译这个字符，谁就能找到当年项羽埋下的藏有 12 面金锣的宝藏。但一直以来没有人能破译神秘字符，关于宝藏和字符的传说，成了绍兴当地一大谜团。

刻有所谓藏宝图的大石长约 3 米，宽约 2 米，深陷在泥土中，藏宝图是由横、竖两种笔画结构组成了一个类似文字的图案，这个字符雕刻的深度大约有 8 厘米左右，笔画横直，形状方正，显然为人工雕琢。像是用利器一下一下刻到大石上的。但整个字符的表面已很粗糙，各个笔画的边角已变得十分光滑。

对于这个图案是什么，当地的说法各不相同。有人说像两把椅子，有人说像古代的钥匙。村民说，这个图案的作者就是曾经叱咤风云的项羽。

据说 2000 多年前，项羽与他的叔父项梁在项里村一带隐居，得到当地村民的照顾。此后，项羽募集 8000 江东子弟在附近练兵，铸十二面金锣日夜操练，金锣质地 80% 为金，20% 为铜，锣大如轮。起兵前夜，项羽为报答村民，命士兵在附近连夜埋下十二面金锣，并在草湾山上刻下指引找到那十二面金锣的藏宝图，希望日后村民遇到难处时再去寻找。

在绍兴县越国文化博物馆，《康熙会稽县志》上有一段文字记载：项梁、项籍杀会稽首殷通，举兵于会稽。这里所说的会稽就在绍兴附近，而项籍就是项羽本人。2000 年前项羽和他叔叔项梁杀了会稽县首领殷通，起义造反。

村里几位老者说"项里村"的村名也是根据项羽而起的，不仅如此，项里村内还修建了一座项羽庙，当地百姓尊称他为项羽菩萨。据说这一习俗已延续了几百年。为项羽修庙，这在全国各地也是屈指可数的。种种迹象表明，项里村与西楚霸王项羽有着千丝万缕的渊源。

难道草湾山上的神秘图案真的是一幅藏宝图吗？破解了它就能找到

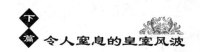

两千年前项羽藏下的十二面金锣吗？

传说当年西楚霸王项羽为了答谢项里村的众乡亲，在项里村后的草湾山上埋下了十二面锣大如轮的金锣，那么项羽所在的秦朝末年古战车的车轮到底有多大呢？

自 1973 年以来在陕西秦始皇兵马俑坑中出土了大量的战车，相当一部分战车车轮的直径在 1.4 米左右，如果说锣大如轮，那么项羽当年埋藏的十二面金锣，每一面金锣的直径也应该在 1.4 米左右，这么大尺寸的锣即使是在今天也是比较少见的。

根据当时的工艺水平，金锣做到一米四的可能性不是很大。一个一米四的锣大概有一百五六十斤，如果当时仅仅靠抡大锤来完成似乎是不可想象的。

早在春秋战国时期，我们的祖先就发现如果将红铜和锡按一定配方熔炼，就会得到响铜。闻名世界的曾侯已编钟就是用响铜铸造而成的。铜锣之所以能敲响，也是因为它是用铜和锡的合金加工而成的。

祖传的铜锣的配方是铜占 77.5%，锡占 22.5%，这个配方一直延续至今。如果是 80% 的金加 20% 的铜，这个锣就不会响了，而且会特别软。

由于黄金的硬度很低，含金量达到 80%，锣就敲不响了，它也就失去了练兵传递信号的作用。难道西楚霸王当年给项里村百姓留下的不是金锣，而是十二面直径不到 1 米的铜锣吗？

锣到底是什么时候出现的？在宋朝陈阳《乐书》记载中第一次出现现代的锣字，这个时候锣是作为部队常用的一种器皿。根据陈阳《乐书》

记载，锣在白天就是部队做饭用的锅，相当老百姓摊煎饼用的平底锅。

从传说中12面大如车轮的金锣，到不足1米的青铜锣，最终得知项羽那个年代竟然根本不可能有锣这种器物。

那么当年项羽用什么指挥部队传递信号呢？中国古代有一个词，叫做击鼓鸣金。指挥部队的有两件信号型乐器，部队向前冲锋的时候是用鼓，撤退的时候是用金。根据现在掌握的资料和考古发现，金指的是錞于。

在湖南省张家界博物馆，其镇馆之宝就是国家一级文物虎钮錞于。这尊战国青铜錞于重4.4公斤，高42厘米，椭圆盘首，肩部突出，腹部向下收缩，呈椭圆柱型，中空。顶部中央铸有一只老虎，虎的耳目清晰，张口露齿。尾巴微翘，末端卷曲，造型栩栩如生。

虎钮錞于的壁比较厚，敲击它时发出低沉的声音，能传出很远的距离，项羽鸣金收兵敲击的应该就是錞于。

但是錞于和金锣两者之间相差十万八千里，为什么传说中项羽的藏宝是十二面金锣，而不是錞于呢？是当地老百姓没有考古知识，完全想象不到錞于会是什么东西？如果要让这个故事代代流传下去，就要有一个通俗易懂的说法，于是，讲故事的人就用另一个响器的名字代替了錞于，也就是锣。所以，传说中的锣指的是相当于锣的响器——錞于，而不是我们今天的锣。

假设西楚霸王项羽当年在草湾山埋了宝贝，同时还刻了藏宝图，那也不会是12面金锣，只能是12个青铜錞于，但这只是一个假设。而民间对于那张藏宝图的解释方法却越来越多，有人怀疑这不是一张完整的图，在山上还有另外一张或者几张，还有人猜测图里暗含八卦

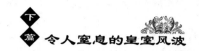

玄机，总之是五花八门，什么说法都有，而传说中的金锣却一直没有被发现……。

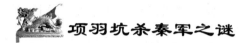项羽坑杀秦军之谜

两千多年前，20万秦军降卒一夜之间被项羽的军队坑杀殆尽。

历史记载的坑杀之处，就在今天的义马二十里铺一带，1912年，修建陇海铁路的工人在此挖掘出累累白骨。如今存在的遗址是一个东西长400米，南北宽250米的土坑。

风蚀雨淋，渐渐颓败，周围生长着青翠的庄稼和白杨。不过，在河南省文物分布地图上，并没有对这个遗址的官方记载。在两千多年以前，这块土地真的发生过惨绝人寰的大屠杀吗？

《史记·秦楚之际月表第四》记载："项羽将诸侯兵四十余万，行略地，西至于河南。"这是公元前206年10月，收复了六国旧地的项羽，率领大军开始向秦地进发。在这支进攻秦朝大本营的军队里，收编着刚刚投降的20万秦兵。当部队行至新安古城安营扎寨时，在军营中流传的"小道消息"引发了旷古罕闻的大屠杀。

历史总是惊人地雷同，距离新安古城百余公里的山西晋城高平西北

隅，是秦兵和赵军大战的遗址，那里是秦白起坑杀40万赵军的地方。而在相隔54年后，新安古城却上演了另外一场惊天悲剧。

只不过这次施暴者是曾经遭受秦兵奴役的六国兵士，他们用同样的方式，把秦军当年的暴虐还给了秦国的降军。

历史学家认为，此次大屠杀的根源，依然在于秦始皇的暴政。这个君王在统一中国后，不惜民力，频繁征调六国劳役建陵墓、筑长城、修驰道，让那些被奴役的人们饱受屈辱。义军的兵士们没有忘记这些屈辱，现在他们有了机会，开始在路上随意虐待秦兵俘虏。

我们无法揣测降兵当时的心态，为了保命，他们或许只有忍辱负重。可是当队伍走到新安古城，眼看马上就要西出函谷关，秦军将士的心情一定非常复杂。

《史记》项羽本纪描述这段历史时说，秦吏卒多窃言曰："章将军等诈吾属降诸侯，今能入关破秦，大善；即不能，诸侯虏吾属而东，秦必尽诛吾父母妻子。"

这些投降的秦军既担心项羽胜利，他们自己成为引狼入室的秦奸；又担心项羽失败，秦朝会把他们的父母妻儿全部杀掉。所以抱怨自己的主将是难免的。但是这些悄声的议论，并没有逃过楚军的耳目。

《史记项羽本纪》说："诸侯微闻其计，以告项羽。"

据说向项羽报告秦兵降卒动态的是九江王黥布，关于这点史书中没有确切的记载。如果是真的，恐怕连他自己都没有料到，这种小道消息，会给20万秦军降卒带来如此惨重的杀身大祸。

项羽得到报告后，就跟黥布、蒲将军商议，最后三人拿出意见，认

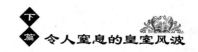

为"军队里秦兵众多，如果入关后不听指挥，或者临阵倒戈，那么取胜就非常困难，不如及早杀掉，以免后患"。于是，楚军在夜间突然动手，坑杀秦卒二十余万人于新安城南。

根据史料记载：项羽坑杀 20 万秦军降卒的地方，是新安古城千秋镇，这里是中原通往大西北的交通要道。

人们通常所说的位于新安以南的楚坑，也是指的这里。《括地志》说："汉新安县城，即坑秦卒处。"同样的说法在《史记项羽本记》中也有记载，说"楚军夜击坑秦卒二十万于新安城南"。

彼时的新安，并不是今天那个自隋代重建的新安县城，而是公元前221 年秦始皇在此设立的县治。新安古城位于新城东北方向，二十里铺村下石河一带，西距渑池 13 公里。呈长方形存在的古城遗址，东部边缘大部分被涧水淹没了，考古曾经发现地下夯实的城墙土层，同时存在的，就是那个裸露在地面的、经历过若干风雨的"楚坑"。

斗转星移，时空变幻，历史早已经历若干次轮回。那座东西长 400 米，南北宽 250 米、被称为"楚坑"的遗址，在二十里铺附近居民的眼里，只是收藏了无数游魂的"万人坑"，很少有人去考量，在两千多年前，它是否真的见证了一场暴虐的屠杀？

今天的"楚坑"遗址，在当地被称作"万人坑"。它的南面，是发源于陕县境内的涧河，坑的北面则是土岭和李杏湾村，东西为平地。在义马和渑池县志中发现，"万人坑"遗址右面原来还有一座白龙庙和一口八角青石井。1912 年修建陇海铁路时，它们全部被毁，原貌不复存在。

直到上世纪七十年代，农民在坑内平整土地时，还常常挖出大量

人骨。

如今又是很多年过去了，楚坑虽然风蚀雨淋，其势颓败，而规模却依旧清晰可辨。它完全掩映在高大的白杨和葱绿的麦田当中人们无法把它与20万秦兵降卒的葬身之地联系起来。

但是，历史上真的有20万之众在这里被一夜间杀掉吗？《史记·秦楚之际月表第四》记载：十一月，"羽诈坑杀秦降卒二十万人于新安。"

按照史书的说法，20万秦军降卒在新安古城被杀似乎是确凿的事实，除了将领章邯、司马欣、董翳3人外，其他降卒一律没留。《项羽本纪》透露，"而独与章邯、长史欣、都尉翳入秦。"

但研究历史的人认为，这个数字是值得怀疑的。既然项羽让长史欣统领秦兵降卒，就证明秦军已经接受改编，并不是被收缴了武器，"被裹挟前行"。这样以来，让20万士兵一夜之间消失，并不是一件太容易的事情。

擅长古代战争史的秦汉专家、河南大学历史系教授朱绍豪分析说：被杀的秦军降卒可能只是一部分，是跟随章邯投降而中途又想背叛作乱的秦军士兵，因为在当时的背景下，降军通常有一种胆怯心理，缺乏斗争的勇气。当他们的一些伙伴面临杀戮时，根本没人站出来真正反抗。这样一来，投降的秦兵编制被打乱了，这个20万建制的部队也就不复存在了。

"另外，也不否认虚报杀敌数字的可能。在古代战争中，有的将军打了胜仗，出于邀功的需要，会故意多报。"秦军降卒是如何被坑杀的。

关于这一场残暴的杀戮，史书没有详细记载。

要杀数万手持武器的兵士，其难度可想而知。倘若投降的秦兵事先知道大难来临，恐怕没有人会甘心引颈待杀。所以，在坑杀秦兵降卒之前，项羽应该是设计了一套计谋来蒙蔽兵士的。

根据《史记·秦楚之际月表第四》描述的"羽诈坑杀"，历史研究者推测，降兵必须首先被集中起来，去做一件事，这件事或许就是挖坑。在新安故城西南方向大片的郊野里，秦兵降卒被六国的兵士驱逐着挖坑。当然，或许他们并没有意识到危险的来临，被胜利之军欺负惯了而逆来顺受的秦军降兵，忍气吞声地按照楚军的吩咐，开挖大坑。当大坑开挖到兵士无法攀爬的高度，那些原本监督他们干活的六国士兵，突然用无数的长矛铁枪对准坑内的躯体，疯狂的刺杀，一场惨绝人寰的血腥，就在我们目光无法企及的历史深处蔓延开来。

历史无法忘却杀人如麻的项羽，一层层尸骨堆砌、血泪覆盖的秦兵降卒被尘土掩埋之后，那些连绵不断的嚎叫也在瞬间消失了。时光倏忽千年，项羽及他所"制造"的楚坑，以及里面掩藏着的杀戮和血腥，都结成了历史的疤痕，供历史学者无穷无尽地寻觅和追踪。

旧时的悲鸣飘渺苍茫，今日的和风平静流淌。原来，没有任何一种气概可以穿越时空长廊，继续影响今天的生活，哪怕是曾经的腥风血雨。

在无声无息掩映在郊野之中的"万人坑"遗址上，据说惟一让人心惊的是夜晚偶尔闪现的磷火，那些从腐烂的尸骨中分解出来的气体，总是不经意间悬浮在地面之上，并随着气流淡淡地飘移，公元759年，大诗人杜甫途经这里，留下"项氏何残忍，秦兵此处坑。愁云终古在，鬼灯至今明……"的诗句。

暗度陈仓：王莽篡夺政权之谜

　　古代历史上有个处境很尴尬的朝代——新朝。它夹在西汉与东汉之间，往往被人忽略，而且整个新朝只有一个皇帝，最具讽刺意味的是这位皇帝还因锐意改革而毁灭了自己短暂而荒唐的一生——他就是篡夺汉朝二百年天下的王莽。

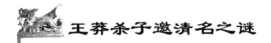

王莽杀子邀清名之谜

　　王莽字巨君，他的姑母王政君是汉元帝的皇后、汉成帝的生母。自汉成帝时起，王家有九个人封侯，五个人做大司马。王莽父亲早死，没有轮到封侯，以致家境孤贫。王莽以孝顺母亲而有声名，他尊敬嫂子，

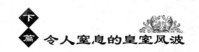

照顾侄儿，生活俭朴，平日博学多览，手不释卷，为人谦恭有礼，折节力行，为一时人望之所寄。

他的伯父大将军王凤病重，王莽侍疾尽心尽力，亲尝汤药，乱首垢面，一连几月不解衣带。王凤颇为感动，临死前将王莽托付给王政君。后王莽因此做了黄门郎，迁射声校尉。他赡养救济名士，家里不留余财，连自己的车马衣服都拿来分发给宾客。有一次王莽的母亲生病，公卿列侯遣夫人问疾，王莽妻出去迎接，她衣不曳地，破布蔽膝。诸夫人以为是婢佣，后来才知道是王莽的妻子，大家都惊诧莫名。

汉成帝死后，哀帝即位，新的外戚傅氏、丁氏掌权，王家受到沉重打击。王莽因得罪傅太后，被免职归家。他闭门自守，儿子王获杀了一个奴婢，被王莽逼令自杀。但王莽在士人中的声誉日增。官员为王莽鸣冤上书的数以百计。

汉哀帝死后，外戚王莽迎立中山王刘箕子为帝，是为汉平帝。平帝只有九岁，由太皇太后王政君临朝听政。王莽位居首辅，一切政令，都出自王莽。王莽着手清除权倾一时的丁、傅两家外戚的势力，将皇太后赵氏贬为孝成皇后，令皇后傅氏徙居桂宫。又追贬傅太后为定陶共王母，贬丁太后为丁姬，接着再废傅太后、赵皇后为庶人，二人后皆自杀。丁、傅两家亲属都被免去官职，流放蛮荒之地。

王莽又为已死的东平王刘云伸冤昭雪。立中山王刘宇的孙子继立为中山王。封宣帝孙三十六人为列侯。此外汉宗室、汉初以来功臣子孙都立了嗣。皇族中有因罪被废的，都恢复属籍；年老退休的官吏，仍享受旧俸的三分之一，以赡养终身。甚至庶民鳏寡，无不周恤。

有一年盛夏大旱，郡国飞蝗成灾，王莽自己带头不吃荤，并出钱一百万，献田三十顷，以赈灾黎。满朝公卿，见王莽如此，也都纷纷捐田献宅。连王太后也省下自己的"汤沐邑"十个县交给大司农管理。王莽派使者去民间捕蝗。又废汉皇室的呼池苑，改设安民县，募贫民迁居，沿路饮食及所需田宅、器具、犁牛、谷种、食粮都由官府供给。在长安城中造五个里，有住宅二百区，让贫民居住。因此朝野上下，都交口称颂王莽的仁德。王莽奏言上古时市无二价，官无狱讼，邑无盗贼，野无饥民，道不拾遗，男女异路，应将古制颁示天下让臣民遵守。犯罪者按周礼处以"象刑"（以犯法者的画像示众，不必真的用刑）。

为了笼络人心，王莽欲自比周公，买通塞外蛮夷，让蛮夷假称越裳氏，献入白雉。远古周成王时，曾有越裳氏来朝进献白雉。群臣仰承王莽之意，上书称王莽德及四夷，早已超过了周公，以安定汉朝的缘故，应加封为安汉公。王太后在群臣蛊惑下，再三加封王莽，王莽十分做作地再三推辞，甚至托病不朝。最后才接受了安汉公的赐号，接受了名号，却把俸禄转成二万八千人的封赏。又有黄支国献入犀牛，廷臣都说黄支国在南海中，离京师三万里，以前从来没有朝贡，现在来献犀牛，是安汉公的威德所致。其实这些都出于王莽的一手安排。

平帝十二岁时，王莽为平帝择婚。他下令选择世家良女造册呈入。所选的女子，多一半是王氏亲属，王莽的女儿也在内。王莽想让女儿当皇后的企图再明显不过，然而他又欲擒故纵地对王太后说："身亡德，子材下，不宜与众女并采。"不料王太后误会了王莽的用意，以为王莽生性至诚，就下诏将王氏女一概除名。王莽正在骑虎难下的时候，已有许

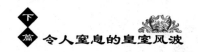

多趋炎附势的朝臣陆续上书，请立王莽女为皇后。王莽总算如愿以偿。

王莽的长子王宇因吕宽案，被王莽逼迫自杀，牵连数百人。由此他得到了大义灭亲、公而忘私的美名。

王莽征集天下通古文今文经学及天文、历算、兵法、文字、方术、本草的士人数千人到京师，筑学舍万间容纳一万八百人。贤者为师，愚者为徒，都有免费的饮食供应。群臣都说周公摄政七年，制度始定，如今安汉公辅政四年，大功毕成，位置应在诸侯王之上。吏民也陆续上书，请求加赏安汉公。上书人数，总计四十八万七千余名。派往各地了解民情的八位风俗使回到长安，带回各地歌颂王莽的民歌三万字。可见王莽确实已尽得人心。太皇太后见得朝野上下如此，于是下诏给王莽九锡封典。

王莽私下嘱咐大臣，上奏称王太后春秋已高，不宜亲省小事，此后政事尽归王莽裁决即可。之后朝中只知有王莽，不知有汉帝。平帝年已十四岁，渐渐懂事，恨王莽的专横跋扈，每次见到王莽，都面露愠色，私下也说了许多怨言。宫中的侍役多是王莽安插的耳目。王莽得知后，便先下了手，他在腊日进献一杯毒酒。平帝喝了酒后，腹痛难忍。王莽假意做愁眉泪眼的样子。并写了一篇祝文，情愿以身代帝，然后将祝文藏在金滕里。（金滕藏策本是周公因武王有病，愿甘代死的典故。）群臣都称誉王莽是再世的周公。不久平帝腹痛而死，时年仅十四岁。

平帝年幼无子，群臣想在宣帝曾孙五人中推立一人，王莽借口五王都是已故平帝的兄弟，不能相继为帝，应在宣帝的玄孙中选立。宣帝玄孙有二十三人，王莽却找了一个年仅两岁的刘婴为皇太子，号为孺子。

这时谶纬禅让之说盛行，符命、图书，层出不穷。武功县长孟通在井中得到一块白石，上有红字："告安汉公王莽为皇帝。"王莽派王舜将此事转告王太后，太后作色说："这纯是欺人的妄语，不宜施行！"王舜说："事已如此，无可奈何，沮之力不能止。又莽非敢有它，但欲称摄以重其权，镇服天下罢了。"王太后无奈，只好下诏封王莽为"假皇帝"。从此王莽身穿天子衮服，戴天子的冕旒，南面受朝，出入坐銮驾，自称为"予"。年号称为居摄元年。

又有齐郡临淄县亭长辛当，夜里梦见天使对他说："摄皇帝当为真皇帝，如若不信，亭中发现新井，便是确证。"第二天早晨辛当起来，见亭中果然有一口深百尺的新井。巴郡也有石牛出现，上有红色的文字，大体都是上天命王莽为帝之类的话。王莽便改年为初始，以应天命。

在长安求学的梓潼人哀章是一个地痞无赖，他投合王莽，私下制了一个铜匮，上刻传位王莽的谶言。哀章穿黄色衣冠，扮成一个方士，趁黄昏将铜匮交给高祖庙里的守吏，然后装神弄鬼地匆匆离去。守庙官忙报知王莽，王莽打开铜匮，上刻摄皇帝王莽，应为真天子，并署佐命大臣十一人，其中当然少不了哀章的名字。次日王莽率群臣入太祖庙拜受金匮禅位，定国号为"新"。废孺子婴为定安公，西汉就此灭亡。接着王莽照金匮策书按名授官。只有王兴、王盛两个姓名，是哀章捏造的，王莽遣人四处寻访，不久找到一个城门令史叫王兴，还有一个卖饼的叫王盛，当即把他们封为将军。

王莽自称为黄帝虞舜的后裔，尊黄帝为初祖，虞舜为始祖。他仿行原始社会的井田制，称天下田为王田，不得私下买卖。如一家不满八口，

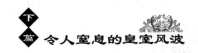

田过一井，应将余田分给乡里。严禁私鬻奴婢，违令重罚。百姓养生嫁娶、宫室封国、刑罚、礼仪、田宅车服等仪式皆遵照西周制度，官职多半改为古代的名称。所有郡县名称，朝夕三变，连当地官吏都记不住。

王莽废除使用已久的汉五铢钱，别造金货一种、银货两种、龟货四种、贝货五种、泉货六种、布货十种，共货币六类二十八种。种类错杂，名目纷繁，民间都搞不清，仍旧用汉朝的五铢钱。王莽将所有的五铢钱销毁，若民间敢使用五铢钱的便全家充戍。为了提高他颁布的布钱的地位，规定官民出入都带上以做合法的证明，没有布钱的旅馆不接待食宿，渡口可以加以拘留。公卿出入宫门时，也必须出示所带布钱。

公元九年，王莽派使者收回汉朝赐给匈奴王的印绶，改授新朝印绶，又将匈奴改为"恭奴"、"降奴"，将"单于"改为"善于"、"服于"，匈奴单于改名为"降奴服于"。匈奴单于怒不受封，派兵攻打云中郡，杀死雁门郡、朔方郡都尉。这些无端的挑衅使一度平静的边塞又引起了战火。王莽召募天下囚徒、丁男、兵卒三十万人，分十二路攻击匈奴。公元十九年，王莽又一次大举集重兵于边境。但可笑的是两次发兵，都停留在边境上不出击。其实王莽是想借此将内地的穷人，送到边境上战死或饿死，以使国家显得很富裕，成就他一代尧舜的美名。王莽又贬西域诸国王为侯，多次无故侵侮诸国。并下令断绝西域诸国与内地的交通。公元十二年，王莽征高句丽兵击匈奴，高句丽侯率众逃遁。王莽诱杀高句丽侯，又改高句丽为下句骊，引起高句丽、夫余、诸族的不断反抗。句町国在西南，汉昭帝时封句町国君为王。王莽却改句町王为侯，又诱杀句町王。公元十六年，王莽发动二十万人击句町，兵士死亡约十分之

六七。西南地区各族纷纷起兵而反。

王莽连年挑起战事，所需入不敷出，于是只有课重税于民间：盐税、酒税、铁税、山泽采办税、赊贷税、铜冶税等等多如牛毛。贫民无法谋生，富人也朝不保夕。揭竿造反的流民，四处攻城略地。王莽正与匈奴作战，顾不上这些，便亲自去南郊祷天禳灾，用五彩药石烧了一个北斗形的铜斗，号为"威斗"，用来象征性地平息天下的叛乱。

一天，他梦见长乐宫铜人站起来走，醒来后看见铜人刻有"皇帝初兼天下"的文字，便命人磨去铜人的撰文。又梦见汉高宗庙里有神灵，就遣虎贲武士在高祖庙拔剑四击，户牖全被砍坏，以煮沸的桃汤洒在屋的四壁，令轻车校尉住在里面。

有人说黄帝时曾造华盖以登仙，王莽就造了华盖九重，高八丈一尺，金银装饰，以安有秘密机括的四轮车装载，穿黄衣衫的力士三百人在车上击鼓，口里不停叫着"登仙"二字。

王莽征集天下的奇能异士，有许多人应召前来。有的说自己渡水不用舟楫，只用马匹就可渡百万兵士过河；有的说吃了仙丹，打仗时不饥饿；有的还说自己插翅会飞，一天远翔千里。王莽让那个会飞的当场试演。那人取出两片鸟羽编成的翅膀系在身上，两翼间有机关，用手一扳，徐徐飞起十几米，接着堕落在地。王莽为了夸示外国，就让这些人留在军中为将。后由韩博保荐了一个人，用四匹马拉的大车运入都城。这人叫巨毋霸，身长一丈，腰大十围，睡觉时枕鼓，吃饭用铁筷子。王莽让巨毋霸充当卫士，朝廷被闹得乌烟瘴气，百姓更加民不聊生。

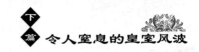

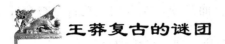
王莽复古的谜团

西汉末年，王莽控制了政权，树立党羽，诛灭异己。公元 5 年 12
月，王莽立孺子婴为帝。他自己仿效周公辅佐周成王的故事，以摄政名
义居天子之位，朝会称"假皇帝"，臣民称"摄皇帝"。三年后宣布即天
子位，自称是黄帝、虞帝的后裔，改国号曰"新"。他是中国历史上第一
个"兵不血刃"就取得政权的人，可他又为这个政权充当了殉葬品。

王莽这个人物，应该是中国古代历史上争议最多的人物之一。王莽，
字巨君，生于公元前 45 年（汉元帝初元四年），死于公元 23 年，即王莽
称帝时的地皇四年。王莽的显赫和他的家族有着直接的关系，他的姑姑
是汉元帝的王皇后。

在西汉与东汉王朝之间，曾经有过一个短短的朝代，这就是历时十
八年由王莽建立的新朝。一般的历史书籍往往不专门提到它，认为这是
西汉和东汉之间两个朝代的衔接过渡阶段，是汉朝的暂时中断。其实，
它的确应当算作是一个独立的朝代，因为王莽是正式称帝建年号的，而
且在这短短的十八年中，王莽颁布实行了许多重要的政策法令，在历史
上留下了浓重的一笔。

"周公恐惧流言日，王莽谦恭下士时。假使当年身便死，一生真伪有谁知？"这一首诗，给了王莽一个非常正确的评语，那就是王莽的沽名钓誉和虚伪。王莽上台前后，曾经进行了改制，虽以效仿西周制度为主，多托周公事，但并不单托古文经，而是今古文兼用，托古于整个经学。同时，他的改制并不是简单抄袭旧典，而是因革舍益，变动极大。因为托古，有人认为，王莽是中国历史上独一无二的一位书生皇帝。但也有人不同意，提出改制的一切都是围绕着在政治上树立王莽的威望，以达到篡汉建立"新"朝的需要，王莽只是个没有水平的政治家而已。

王莽在改革中的经济思想是人们很难弄得懂的一个谜案。直到今天，人们的评价意见分歧很大。有人认为王莽建立的新朝，是中国封建社会史上的一个怪胎，而王莽的经济思想，也是中国经济思想史上的一个怪胎。怪胎自然是没有生命力的，因而新朝也就是短命的。

王莽在建立新朝以后，曾在经济上实行改制。在他谦恭下士的时候，标榜要进行土地改革，所以有许多孔孟之徒拥护他。针对西汉后期土地兼并和奴婢买卖十分严重的情况，王莽宣布实行王田制。他找到的理论根据是孔子的"不患寡而患不均"和孟子的"百亩之田，树之以桑，八口之家可以无饥矣"。孔孟儒家的思想，对王莽的影响很大。在王莽的朋友之中有一位叫师丹的，便是一个主张土地改革最急切的人。两人按照《孟子》的井田制一夫一妇授田百亩的原则拟订了一个计划，并向全国宣布。王莽圣旨说，从今以后所有的田地属于国家，民间不得买卖，田多过九百亩的，要分出来送给穷本家、穷亲戚。至于根本没有田，而又缺乏阔本家与阔亲戚的，并不另外设法赏田给他们。诏令颁布以后，分田授田的规定最终无法实行，只是冻结了土地和奴婢的买卖。有很多人评论说这项制度实质上是要以土地国有制代替土地私有制，这种变革绝不是什么前进，而是历史的倒退。

王莽曾有一道圣旨说，奴婢从此不许称为奴婢，而改称为"私属"（私人的附属品），与田地同样不许买卖。但实际上，奴隶并不能恢复自由，王莽也不是想为了解放奴隶而来颁布这道法令的。对奴隶来说，永久被捆在一个主人家里当附属品，还不如准许主人买卖他们，说不定能换到一个较有良心的主人家里。因此，人们认为王莽只禁私奴不禁官奴并且极力扩大宫奴的做法，绝不是什么真正的进步。

最不成功的改革要数他的金融政策。王莽发行了许多大钱，定值甚高，而实际含铜量不够，以为融化了三五个小钱铸成一个大钱，刻上当十当百的字眼，百姓就肯当它是十、百来用。当看到老百姓不吃他的一套时，他便严厉处罚。要是有谁学他的榜样私铸大钱，就要被罚作奴婢。有人认为王莽的货币改制，在他的各方面经济改制中牵动面最大，破坏作用最剧烈。实行的五均六管专卖政策多是汉武帝时代所推行过的，但王莽却不顾主客观条件变本加厉地加以推行，结果自然只能是东施效颦，适得其反。

一些人认为，王莽作风勤恳，励精图治，颇有名君之风范，可惜其变法过于泥古不化，仅 14 年便告全盘失败，新朝也随之灭亡。他过分复古不合时宜。王莽醉心古制，不顾一切地实行，致令社会经济倒退。政治上的改革更是不必要，他一心复行古制，官名屡改，工作却不变，根本全无意义，其重行封建，更是违反了数百年来中央集权国家的趋势。

故过度复古是王莽变法的致命伤。王莽过分自信与重法。他出身儒生，重视理想，重法而不重人，所以集中精力于制度的规拟，却忽略实际的施行问题。他只埋首于制法，其他政事却一概不问，明显是矫枉过正。过分自信，其实这是他失败的一大关键。他缺乏治国策略，纯属书生政治。王莽谦恭下士，获得一时好评，但在政治运用上却显得虚伪与沽名钓誉。他行新政一遇挫折便宣布停止，使前功尽废，亦徒增滋扰。加上他执行不善，见害而不见利，失败自是必然。

根据当时政策的实际效果，一些人认为王莽改制对社会没有带来任何有益进步的成分，而是一场扰动全国十几年、害死全国人口近一半的巨大历史灾难。也就是说，按照这样的看法，他们把王莽的变法彻底否定了。

不过也有不一样的认识。著名学者胡寄窗指出，由于王莽对经济问题具有一定的观察力，故能对以前的思想家在这方面的成就加以综合利用，并在某些方面有较深刻的或独到的认识。他认为我们应该肯定王莽对当时存在的一些重要社会经济矛盾已大致有所认识，并企图全面地予以解决，虽然他解决这些矛盾的办法并不一定正确，也未收到什么效果。就整个中国古代来说，其他的改革家大都在社会经济领域的一个方面如农业、工商业上进行改革，而王莽几乎在这些方面都接触到，特别是对农、工商业的改革更是齐头并进，这是中国历史上绝无仅有的。

另有人认为，王莽对土地问题的认识是符合实际的。王莽实行的五均六管政策，显示了他对由封建国家控制垄断性生产事业必要性的认识，这一点已经可以与桑弘羊的经济思想相媲美。因此，"在中国经济思想

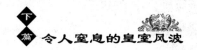

上，王莽应占有一席地位。"

除经济以外，王莽在政策、法令上也实行托古改制。在对外关系的处理上，他也是花样百出。匈奴有五十多年未曾骚扰边境，始终称臣听命，而王莽偏要激怒他们。他做了皇帝后，觉得少数民族的首领也称王，是不符合大一统的传统的，于是他派人出使匈奴，收回汉朝原来给的印玺，换给新朝的印章，匈奴的单于也知道"玺"是皇帝专用物，而"章"则是臣子用的。于是，单于想要回印玺，但被使者弄碎，单于盛怒之下发兵南下。王莽也四处征兵应敌，结果匆忙中召集的各地士兵毫无战斗力，打仗不行，骚扰百姓却很在行。在后代人来看，这简直是没有事情找事情做。匈奴果然强烈不满，举兵反抗，王莽动员了全国的军队远道出征，如此一番折腾，花了不少钱，结果一次胜仗也没有。徒然劳民伤财，与匈奴争战了十年光景，反而引起内部的盗匪此起彼伏。

西汉全盛时，从没有盗匪问题。到了汉成帝的时候，流寇不断涌现。在王莽对匈奴的长期战争以后，人民苦于征调，纷纷逃役入山，所谓的"盗匪"数量上越来越多，遂成为新的社会问题。在王莽地皇三年（公元22年），有几十万涂红了眉毛的流民冲进潼关，威胁长安，他们的外号是赤眉；另有一批人是躲在绿色树林中的，称为绿林，这些人其实都是铤而走险的农民。最厉害的要算河南南阳一带刘秀和他的哥哥刘縯所领导的新市兵与平林兵了，新市与平林是两个镇市，王莽派了30万大军前去攻打，反被他们打败。

对外受制于匈奴，对内见逼于群盗，王莽的环境真是一天不如一天。但是他绝不认错，总是怪别人不好，怪老天不公。他以为老天遗弃他了，

便率领大小群臣与老百姓向天大哭，希望集体的哭声可以感动上苍，无奈上苍毫无反应，诸生、平民因随其哀哭而得到封官者有数千人。

王莽究竟死在谁的手上，我们弄不清楚。有人说他是被一个卖菜的老太婆砍死的，也有人说他是被长安的恶少年杀死的，也有人说是死在商人杜吴手里。那时候，刘秀及其所拥戴的更始皇帝刘玄，已经进抵长安了。

王莽是个什么样的人？有人认为他与一般的篡位者不同，在王莽身上有着浓厚的书生影子。在托古改制的问题上，他一方面是在拉拢人心，另一方面也不能否认他对古代社会有着深厚的感情和真诚的向往。否则，他也不会明知仿效古制并无多大收拢人心的作用，却还是要坚持这样做。在符命问题上，他确实是有借此做皇帝的目的，但在内心深处他还是比较相信的，否则每到紧急关头，他为什么总是求助于神灵，怎么会没有奋起抵抗和另求其他办法呢？所以，在王莽的身上，既有虚伪、奸诈、残忍的一面，又有书生真诚、教条、死板的一面，只是作为一个篡位的皇帝，他的这一面很难被人发现。

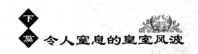

王莽篡位的三块垫脚石

西汉灭亡的根本原因，是它的外戚政治。外戚在西汉长期专政，是皇帝依靠的主要力量。汉高祖刘邦的皇后吕雉，就在高祖死后专权，几乎要让江山改姓，若不是被意外铲除，西汉的历史，可能比秦朝长不了多少。再以后，景帝时的窦婴，武帝时的田蚡、卫青、霍去病，昭帝时的上官桀、霍光，宣帝时的史高，元帝时的许嘉，莫不如此，到了成帝刘骜即位，他的妈妈王政君，就是王莽的亲姑姑。

皇帝能力强的时候，外戚是一种助力；皇帝能力弱的时候，外戚就威胁皇帝的统治，进而动摇整个王朝的破坏势力。吕姓外戚即是很明显的例证，假使他们中间有一个不是脓包，刘姓皇帝反击失败，西汉的政权一定结束。所以在大的教训之后，文景两任皇帝，对外戚都保持相当的距离。到武帝刘彻，虽大量任用外戚，但他能够控制局势，而且还在防范工作上采取残忍手段。他死的前一年，最心爱的小儿子刘弗陵只有九岁，他想立他当太子，于是先行把年轻美丽的太子生母钩弋夫人杀掉，并解释说："我死之后，她当了皇太后，一定为非作歹，重用她的家人。为了避免吕后的故事重演，不得不如此。"

西汉外戚政治的特点之一，是新任皇帝往往要启用自己母亲的亲戚，皇帝的舅舅、外公、表兄弟，通常会成为丞相。特点之二，是新的外戚上台，通常要铲除旧的外戚，新旧交替时免不了一场腥风血雨。而像王莽这样曾被赶出权力核心，后来又东山再起的，只有他一个。王莽能最终篡位，除了外戚身份外，靠的是过人的权谋和成功的伪装。

王莽的祖先原来是被秦国灭掉的齐国王氏子弟，到了汉武帝时，曾祖父王贺进宫做了绣衣御史，这本是一个小官吏，但使王氏家族有了难得的历史机遇。王莽的祖父王禁有八子四女，女儿王政君成为汉元帝的皇后、汉成帝刘骜的母亲。王禁的儿子王凤、王音、王商、王根都被封侯，先后做过大司马，惟独王莽的父亲王曼早亡，没有封侯。王莽是个孤儿，所以比别的堂兄弟早熟，他从小没有分享到王家的权力和荣耀，因此特别迷恋权力。

王莽从小受到的是儒家教育，为人谦逊有礼，节俭勤奋，拜名士为师，虚心学习，苦读经书。他孝顺母亲和寡居的嫂子，负责教育已亡兄长的孩子。他还广交朋友，对待掌握朝政大权的叔叔伯伯们，更是恭敬有加。早年的儒学教育，为他后来的善于伪装准备了条件，也埋下了称帝后喜欢改制的祸根。

汉成帝阳朔三年，王莽的伯父、独掌朝政的王凤生病休养在家，王莽侍奉左右，片刻都不离开。他还亲口尝药，以免烫着伯父，前后几个月没有解开衣带好好休息，其孝道超过了王凤的亲儿子，使王凤极为感动。临死时，王凤请求皇太后和成帝委任王莽官职，不久，王莽就当上了黄门郎，虽然官品很低，却是皇帝身边的近臣。没多久，

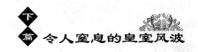

成帝又升王莽做了射声校尉，品秩二千石，相当于地方的郡守。这年王莽仅仅24岁。

永始元年，王莽的叔父成都侯王商请求成帝将自己的户邑分封给王莽。同时，很多名士也联名上书，赞誉王莽的人品和才干。汉成帝顺水推舟，封王莽为新都侯，食邑1500户，晋升为骑都尉、光禄大夫、侍中。骑都尉是武官，光禄大夫可以参与朝政大事，侍中则是侍奉在皇帝身边的近臣。这年王莽30岁，他没有显露出一点骄横之气，反而更加谦恭。不仅广交名士，和众大臣友好往来，还经常将家财分发救济贫寒的宾客。

此时王莽碰到了一个对手淳于长，他是王政君的外甥，王莽的远房表兄。当时汉成帝想废许皇后立赵飞燕，为了能日后高升，淳于长极力说服太后王政君，完成了废立之事，使汉成帝对淳于长感激不尽。很快便封他做了关内侯，然后又封定陵侯。

大权在握的淳于长骄横过度，和被废的许皇后的寡居姐姐许嬺私通，后来又纳为妾。为了讨被废许后的欢心，他又向成帝说情，使成帝又将许后升为婕妤，但淳于长胆大包天，对许后也敢调戏。这事被王莽举报，使淳于长丧失了所有的要职，回到了自己的封地，最后，成帝将他定为大逆之罪，让他死于狱中。王莽初露峥嵘，就大获全胜。

不久，任大司马大将军的叔叔王根死了，这时王政君只有一个弟弟还活着，但此人年过花甲，名声还不佳，王政君只能在侄子辈里选人，王莽也就搭上了外戚掌握朝政大权的末班车。绥和元年，成帝升王莽为大司马，领尚书事。这时王莽还不足40岁。

高升后的王莽依然是那么谦逊有礼，他找来贤德的人做官，皇帝赏赐给自己的钱都拿来分给大家，而他自己极其节俭。有一次，他的母亲生病，大臣们纷纷让自己的夫人来府上探视，王莽的夫人也到门外迎接，但众夫人却将她当作王府家的仆人了，因为王夫人的穿着太普通太节俭了。

本来一帆风顺的王莽，遇到了一个突的打击，那就是汉成帝刘骜死了。新帝即位，就要换一拨外戚，王莽眼看要功败垂成。成帝没有亲生子，就挑选了他的侄子定陶王刘欣继位，就是汉哀帝。刘欣的母亲傅太后一掌权，首先罢免了王莽的大司马，让他的堂弟傅喜担任。过了两年，她让王莽回他的封地（王莽被封为新都侯），想将他赶出京城。王莽开始还想赖着不走，后来被逼无奈，只好离开京城。若不是王政君还活着，可以想见，她非把王莽整死不可。

傅太后是哀帝的嫡母，他的生母是丁太后，这也是王莽的幸运。傅、丁两家外戚上台后争权夺利，忘掉了已经远离京城的王莽的威胁，使王莽保全了自己。

汉哀帝只坐了7年江山，年纪轻轻就死了，而年近古稀的王政君依然活着，在汉代可谓长寿明星。如果王政君死在了哀帝的前头，王莽的政治生命也就跟着死了。但她就是不死，同时哀帝的荒唐举动，使她重新掌权。

汉代的皇帝都喜欢搞同性恋，但汉哀帝刘欣可谓登峰造极。他喜欢董贤，给了所能给的一切，与董贤同吃同睡，有一次他睡醒后发现董贤压住了自己的袖子，为了不惊醒董贤，他让人悄悄剪掉了自己的袖子。

元寿二年，哀帝病危，弥留之际，他竟有意将皇帝宝座让给董贤，连玉玺都送到了董贤手中，遭到了朝野上下的反对，终于作罢。这个荒唐的举动，使傅、丁两家外戚人心尽失，加之傅、丁二位太后已死，老不死的太皇太后王政君重新得到群臣的拥护。因为哀帝无子，她立哀帝的堂弟刘其子为帝，他就是汉平帝。

王政君重掌大权后，痛恨哀帝的胡闹，也深感王家朝中无人后自己的落寞，就想起了王莽。此前，王莽已回到朝中，现在他被重新任命为大司马，领尚书事。

元始二年，中原发生了旱灾和蝗灾，王莽建议公家节约粮食和布帛。他自己先拿出一百万钱，三十顷地，当作救济灾民的费用。他这样一起头，有些贵族、大臣也只好拿出一些土地和钱来。太皇太后把新野（今河南新野）的二万多顷地赏给王莽，王莽又推辞了。王莽还派八个心腹大臣分头到各地方去观察风土人情。他们把王莽不肯接受新野封地这件事到处宣扬，说王莽怎么虚心，怎样谦让。当时，中小地主都恨透了兼并土地的豪强，一听王莽连封给他的土地都不要，就觉得他是个了不起的好人。

王莽越是不肯受封，越是有人要求太皇太后封他。据说，朝廷里的大臣和地方上的官吏、平民上书请求加封王莽的人共有48万多人。有人还收集了各种各样歌颂王莽的文字，一共有3万多字。王莽的威望就越来越高。

别人越是吹捧王莽，汉平帝就越觉得王莽可怕、可恨。因为王莽不准平帝的母亲留在身边，还把他舅家的人杀光。汉平帝即位时9岁，当

了几年皇帝渐渐大了，免不得背地说了些抱怨的话。王莽为了巩固自己的权势，让女儿做了平帝的皇后。平帝对王莽更加不满，王莽感到了他的威胁，又下毒手。

元始五年，有一天，大臣们给汉平帝上寿。王莽亲自献上一杯酒，汉平帝喝下后，第二天宫里传出消息，平帝得了重病，没有几天就死了。死之前，王莽到宗庙祈祷，写下血书，写的是希望拿自己的命换平帝的命。平帝死的时候才14岁，当然没有儿子。王莽从刘家的宗室里找了一个2岁的婴儿做太子，他就是刘婴。

平帝已死，刘婴自然该继位，但王莽只将他立为太子，个中缘由，只有傻子才看不出来。真皇帝没有，王莽又让太皇太后王政君封他为"摄皇帝"，就是代皇帝统治天下的意思。有人看出了他的野心，安众侯刘安、东郡太守翟义、三辅将军赵朋等人起兵反抗，都被他镇压下去。

当了3年"摄皇帝"后，全国各地都出怪事。齐郡出现"新"井，巴郡冒出石牛，扶风出了石头，未央殿里出现铜符帛图，内容都是：王莽是真命天子，汉高祖要把天下禅让给王莽。大臣哀章往高祖庙里塞进去一个铜匣，里面有图和书，是高祖遗命，让王莽称帝，并且开列了大臣的名单，真不知死去多年的刘邦为什么要替王莽想得这么周到？

一直以推让出名的王莽这会儿不再推让了。王莽去太皇太后王政君那里，讨要汉朝皇帝的玉玺。王政君这才大吃一惊，不肯把玉玺交出来。后来被逼得没法子，只好气愤地把玉玺扔到地上。

公元8年，王莽正式即位称皇帝。改国号叫新，都城仍在长安。从汉高祖开始的西汉王朝，统治了210年，终于落幕了。

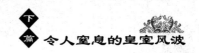

王莽是唯一"民选"皇帝?

都说王莽是反面人物，史上贬多褒少，有史学家认为他也有积极的作用，肯定了他的改革意图。但是阴谋与虚伪始终都是扣在他身上的帽子，篡汉的野心家也成了对王莽的最终定论。

王莽的姑母是汉元帝的皇后，汉成帝的生母，其伯父王凤执掌大权之时，他的叔伯弟兄大都生活骄奢，唯有王莽始终保持着虚心朴素、谦恭俭约、礼贤下士的生活姿态，二十四岁的时候升为射声校尉，深得宫中大臣的赏识。他们纷纷在太后和汉成帝面前举荐他，很多名士也赏识王莽的品德和才华，联名上书夸赞。公元前16年，年仅三十岁的王莽被汉成帝封为新都侯，升任骑都尉和光禄大夫侍中，专门侍奉皇帝，参与朝政大事。这时的王莽权倾朝野，却丝毫不见傲慢骄横，反而更加谦卑恭敬，广交名士，将家中钱财散与贫寒之士。

曲阳侯王根是王莽的叔父，担任大司马多年，几次称病说要退休，王莽的表兄、太后的外甥淳于长为九卿之首，按照惯例，他应继承大司马之位。淳于长从前帮助成帝立赵飞燕为后，成帝一直心怀感激，封其为定陵侯，淳于长的权力开始膨胀。这时淳于长飘飘然忘乎所以，不断

接受各方贿赂，骄奢淫逸，成帝废掉的许皇后也送给淳于长财物，希望他能帮忙说情让成帝立她为左皇后。王莽知道这些事以后，就假借探病跟王根说："淳于长看到您久卧病榻高兴极了，觉得应该替您辅政，已经许下不少誓言，说要帮他们封官加爵。"王根很是气愤，马上禀告太后，太后就叫成帝罢了淳于长的官位。没过多久，王莽的另一个叔父王立接受了淳于长托儿子王融送来的珍宝，从而替他说情。成帝开始调查此事，王立怕引火烧身叫王融自杀，成帝更加怀疑其间有诈，就把淳于长关在位于洛阳的诏狱中审讯，终于查清了他的罪行，将他处死狱中。

通过此事，王莽因大义灭亲，揭发表兄罪行有功，荣升大司马。

升任后的王莽更加勤于政务，克己奉公，选贤举能，生活上节俭，却厚待士人。其母患病，各位公卿大臣派夫人登门探望，却只见一位穿着寒酸的女人出来迎客，众贵妇以为是佣人，得知此人便是王莽的妻子后，都大吃一惊。

王莽的声誉如日中天之时，成帝驾崩，哀帝即位了。成帝本无儿子，太子是其侄儿刘欣，刘欣即位，他的母亲就成了外戚，王家遭受了沉重打击，所有相关的官员也都被革职。王莽回到新都侯国，也就是现在的河南唐河县西南，一直闭门谢客，不再与外界联系，对当地官员也极其恭敬，没有一点架子。他的二儿子王获杀了一名奴婢，受到了他的斥责并令其自杀偿命。王莽罢官大司马后的三年以来，为王莽上书喊冤的大臣数以百计。终于，在元寿元年，哀帝借侍奉太皇太后之名召回王莽。一年后哀帝病死，哀帝亲信董贤被免职并自杀。太皇太后再次成为皇太后，王莽也再次被封为大司马，他们辅佐九岁的中山王平帝为太子。

再次掌权让王莽快速组建起属于自己的心腹班底。在元始元年，也就是公元1年的正月，诸位大臣建议王莽应因"定策安宗庙"的功绩受到嘉奖。王莽却表示，他是与孔光、王舜、甄丰、甄邯四人共同定策，应当嘉奖这些人。而当此四人受封后，王莽依旧不愿接受表彰。于是太后下诏：封王莽为太傅，称安汉公，增加封邑二万八千户，以萧相国的故居作为安汉公官邸，并定为法令，永远遵守。

王莽感到诚惶诚恐，虽接受了称号，却无论如何都不要增封的土地与民户。几经推辞，最后朝廷改为披泽天下，全国所有人都受到了王莽的恩惠。这让全国上下都对王莽赞不绝口。

这一年年底，平帝驾崩，而就在这个时候，武功县令孟通在井中挖得一石，用红字写着："告安汉公莽为皇帝。"大臣们认为这是天诏，请王莽做"摄皇帝"即"摄行皇帝之事"，皇太子刘婴为"孺子"。

这时的王莽想做皇帝的意图已经很明显了，他渐渐开始铲除各种阻挡自己当皇帝的障碍，而此时各种因素也都在帮助王莽。在他登基前的几十年里，夏天降霜，冬天打雷，地震频发，天降陨石，日食月食，老天爷装神弄鬼，搞得百姓人心惶惶。石头之事更让人觉得是天降福瑞，正巧王莽上台后，灾害大大减少，更让人相信王莽是天降之才。

王莽当了摄皇帝之后，一个小官——淄博县昌兴亭亭长上表朝廷说："梦见天公对自己说：'摄皇帝当为真，还说倘若为真，早晨起来就会看到亭中长出一口新井。'"结果第二日，亭长果然发现平地出了一口深井。同时，全国各地都争献载有"天命"信息的物件，内容都是王莽应顺应天意，即位称帝。面对这些，王莽只是推辞，而他越推辞，臣民越迫切

地希望他能登基，他越是无私，臣民越发狂热地推举他即位。

终于在公元 8 年 11 月，也就是王莽任"摄皇帝"满三年之时，又有人向朝廷进献催促王莽即位的神迹，王莽终于即位做了真皇帝。

从此改国号为"新"，王莽同时废掉刘婴的皇太子名号，封他为定安公，赐予定安公方圆百里的土地，并把汉代宗祠安置在那里。自此，西汉二百一十四年的历史结束了。

现在看来，说王莽是那个时代的"民主"选举的皇帝，其实是有些道理的。

王莽废除皇家的呼池苑，把穷人都迁往此地居住，乔迁的饮食和建设田地所需的器具牲畜以及作物，都由当地官府供给。他还下令在京城中建设廉租房小区供给贫民居住，他还扩大了太学招生，兴建学校，让更多的人接受教育。《汉书·王莽传》说，王莽在长安城成立了不少研究所，把对研究古典文献书籍有贡献的人全部召集至此，做研究做学问。除此之外，他还大抓意识形态建设，学习《周礼》的各种礼仪制度，按照等级划分了着装、住房、婚丧的式样，还规定禁止对童叟加以刑罚，妇女如非重罪不予逮捕。每逢天灾，王莽便主动食素，大赦天下。

当然也有研究学者认为，那些"神迹"不过是王莽想登上皇位而自导自演的丑剧罢了，这只能暴露王莽的篡汉野心。但是，结合各种的实际情况，在当时那种环境下，这有可能是臣民自发自愿的行为，因为王莽之前毕竟给百姓不少恩惠。

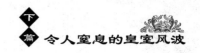
巫蛊之祸：王室成员的恐慌

争宠与巫术相结合，是汉武帝统治时期宫闱斗争的一大特色。由于汉武帝本人一生都迷信神仙术，招神用巫的荒唐行为从未中断，使得天下尤其是京城长安和后宫中不断有人大搞巫蛊活动。

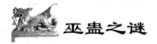

巫蛊之谜

汉武帝刘彻是中国古代史上的一代雄主。然而，这位雄才大略的封建帝王，一生中却干了很多荒唐事。其中最荒唐的，莫过于晚年逼杀自己的亲生儿子太子刘据。

汉武帝是一个好色的天子。他体格健壮，因而食色不厌，后宫招纳

的美人非常多，最多时竟达七八千人。汉武帝曾自言："可以三日不食，不能一夕无妇人。"他一时一刻不能没有妇人做伴，出门时让宫人同辇而行，就连他到马厩看马也是从妃如云。成百上千的妃嫔，只侍奉一个食色不已、喜新厌旧的汉武帝，相互之间不可避免地要斗妍争宠，排挤倾轧。

传说，巫是一种能用祭祀或者咒语驱使鬼神降祸于他人的女法师，而蛊则是一种神秘的有毒的虫子。这种虫子看不见，摸不着，人们感觉不到它的存在。据说蛊一旦进入人体，便百药无效，受蛊之人只能十分痛苦地死去。

在当时浓厚的迷信气氛中，嫔妃们为了争宠，往往制作情敌的木偶埋入地下，然后天天念上几声诅骂的咒语，希望情敌在痛苦中死去。当年陈皇后为了重新得到汉武帝的宠幸，曾请女巫楚服搞过巫蛊。事情败露后，有三百多人牵连被杀，邀宠不成的陈皇后也被打入冷宫，郁郁而终。

为了避免巫蛊的蔓延，汉武帝明令严禁采用巫蛊的任何方式。但这种风气已经得到了广泛的流传，因而愈演愈烈。到了晚年，汉武帝病魔缠身，耳目不灵，精神恍惚。这位雄才之主总是疑心自己的病情是左右的巫蛊所致。

江充见状，猜想汉武帝在世的日子不多了。江充是直指绣衣使者，专门督察皇亲国戚和亲近臣僚的不法行为，曾因一件小事得罪过太子。他担心一旦皇上驾崩，自己会有灭顶之灾，决心先下手为强，利用巫蛊来除掉太子刘据。于是，他向汉武帝说："陛下的病，一定是

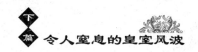

巫蛊在作祟！"

汉武帝本来就疑神疑鬼，一听此言，便任命江充为专使，处理巫蛊案件。

江充率领胡巫到处挖坑掘洞，搜取埋在地下的木偶，逮捕涉嫌放蛊之人，连夜间祭祀的人也被他们抓了不少。为了达到自己阴险的目的，江充有意栽赃陷害。他指使人预先把木头人埋在某地，上面洒上家畜的血。接着，由自称能看见鬼迹的女巫察看血迹。随即将木头人挖出，马上对附近居民大肆逮捕。对于被捕的人，他们无不进行严刑拷打，逼其招供。如果有人不承认，只要江充一声吆喝，手下人就用烧红的铁钳或钳肉，或烤灼皮肤。被拷打的人受刑不过，只好承认强加给自己的罪名，并且供出江充等人指定的同党。

江充利用这种手段，把很多人定成"大逆不道"罪处死。这场巫蛊大屠杀，从京师长安波及到各郡国，因此丧命的人达到数万人之多。

六十六岁的汉武帝见江充等人揪出了这么多的危险分子，更加惧怕。江充这时教唆一个名叫檀何的胡巫对汉武帝说："各地放蛊之人虽然清理得差不多了，但宫城上面仍然鬼气沉沉，这说明后宫里面肯定还埋有不少木头人。要是宫里的鬼气不消除的话，皇上的病是没有办法治好的。"

汉武帝听信了他们的鬼话，便派江充率领原班人马进入宫城搜蛊。汉武帝对这次搜蛊很重视，不久又派按道侯韩说、御史章赣、宦官苏文作为江充的助手。

江充对付的主要目标是太子刘据，但他并不敢肆无忌惮地先拿太子

开刀。江充率领他的搜蛊队伍，先从嫔妃中不太受宠的那些人下手，一个宫殿接着一个宫殿，依次向前搜去，把卫皇后和太子刘据的宫室放在最后搜查。

最后，轮到搜查卫皇后和太子的宫室了，江充等人搜得特别仔细，宫内坑、沟纵横交错，几乎每一寸土地都翻了起来。到处都是泥土，最后弄得皇后和太子连放床的地方都没有了。由于栽赃，在皇后和太子宫室里的木头人就特别多，太子宫中的木头人身上还缠有帛书，上面写的都是些悖逆犯上的词语。

江充得意洋洋地把这些证据在众人眼前一晃，然后快步离开东宫，扬言要奏报给皇上。

太子刘据根本就没有埋藏过什么木头人，现在凭空被人家挖出这么多罪状。他又惊又怕，急忙找老师石德商量对策。

石德是出了名的老实人，一向谨小慎微。他知道如果太子倒台，自己就要牵连被杀。与其坐以待毙，不如先发制人。于是，他向太子献计说："前丞相公孙贺父子，两位公主和卫伉等人，都因为巫蛊之祸而丢了性命。现在江充和女巫手持诏旨，在东宫里挖出了这么多木头人，这分明是他们栽赃陷害，但别人并不知道事情真假。这要是报告到皇上那里去，恐怕你有口难辩，无以自明。"

太子忙问："那我该怎么办？"

石德道："当今之计，只有假传圣旨，先把这些人抓起来，才能查明其中的奸谋。况且，皇上远在甘泉宫，已经病了数日，皇后和你派出的使者连他的面也看不着。皇上是死是活，我们一点都不清楚，怎能知

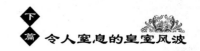

道其中不会有诈?"

太子沉吟片刻,又道:"江充是奉父皇之命前来搜查的,我怎么能擅自对他们进行逮捕和审讯呢?"

石德阴沉着脸说道:"这些奸臣嚣张狂妄到何等地步了,你怎么还婆婆妈妈的?倘若再不火速动手,恐怕你就会重蹈秦公子扶苏的覆辙!"

但是,太子刘据还是不敢擅自诛杀,他想前往甘泉宫晋见老父,希望能当面说清情况,这样或许能侥幸脱难。但他刚想动身,就听说江充已派人飞马前去甘泉宫奏报去了。他手足无措,不知怎么办才好,最后狠狠心,壮着胆子采纳了石德的建议。刘据假传圣旨,派人前去捉拿江充等人。

江充没想到太子会铤而走险,一点防备都没有,只好束手就擒。按道侯韩说出身行伍,很有些膂力。他怀疑诏书是假的,便拔剑和捉拿他的武士格斗起来,终因寡不敌众,伤重而亡。胡巫檀何平日只会装神弄鬼,哪见过这种阵势,早已吓得瑟瑟发抖,武士们没费什么劲就把他捆了起来。宦官苏文却乘着混乱之机逃了出来,一直向甘泉宫方向逃去。

太子刘据见了江充,气得两眼冒火,指着江充的鼻子大骂道:"大胆狂徒!你把赵王父子害得不浅,还不满足,又想要挑拨我们父子的关系吗?"一边骂着,随手一刀,将江充劈作两半。这个奸佞小人,连哼一声都来不及,便作了刀下之鬼。接着,太子又喝令手下将胡巫檀何拉到一棵树下,用火活活烧死了。

太子刘据杀掉江充和檀何后,派舍人无且手持符节,连夜敲开未央宫长秋门,将事情经过报告给卫皇后。又征发中厩(皇后车马所在地)

的车马和射士，打开长乐宫武库，集结宫中卫士，大肆收捕江充党羽。一时长安大乱。

苏文连滚带爬地逃入甘泉宫，奏言太子造反，擅自捕拿江充。汉武帝对一向谨慎的太子很放心，听了苏文的报告，只是淡淡地说："因为在宫中掘出了木头人，太子定然迁怒于江充，所以才会发生变故，将太子召来问明情况就是了。"于是，汉武帝打发一个内侍去宣召太子。

不料，那内侍是苏文一党，他不敢也不愿去见太子，只是到别的地方躲了一会儿，便回来报告说："太子已经造反了，他不肯来，还要杀臣，臣只好逃回来了。"

汉武帝这才信以为真，不由勃然大怒。

在长安城内的丞相刘屈氂听说太子造反，吓得拔腿就逃，连丞相的印信都丢掉了。他连忙派长史乘驿站的快马，赶到甘泉宫汇报。

汉武帝见丞相长史的狼狈像，便责问道："丞相现在干什么呢？"

长史战战兢兢地回答说："丞相在封锁消息，不敢擅自行动。"

汉武帝吼叫着说："事情已经闹大了，整个长安都乱哄哄的，还有什么可保密的？丞相难道没听说过周公大义灭亲，诛杀管叔和蔡叔的事吗？"

汉武帝担心局势恶化，百官不辨真假，便用正式诏书，加盖皇帝玉玺，命令丞相刘屈氂说："擒斩谋反者自有重赏！当今之计。应用牛车堵住街道，避免短兵相接式的肉搏，以免滥杀无辜。关闭所有的城门，不要让谋反者漏网。"

丞相刘屈氂正在惶恐不安的时候，接到汉武帝的诏书，便壮了几分

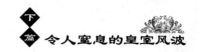

胆量，令人先将诏书颁示出去。

不久，汉武帝又下令征发三辅地区各县士兵，全部划归丞相刘屈氂调遣，二千石以下的官吏，也由他指挥。刘屈氂有兵有权，便放开胆子，调集人马把内城团团围住，一心要擒拿太子。

大军压境，太子刘据无路可走，只好硬着头皮抵抗。他假传圣旨，将监狱中的囚犯全部赦免，分给他们武器，派少傅石德和宾客张光分别率领。同时，又宣告百官："皇上病危，困居甘泉宫，奸臣乘机作乱，社稷危在旦夕。大家应随我起兵，共诛叛贼！"一边是手持诏旨的当朝宰相，一边是储位东宫的未来天子，弄得百官毫无头绪，也不知道听谁的好，只好暂时观望。但听得长安城中，喊杀声震天动地。太子刘据和丞相刘屈氂各自督兵交战，打了三天三夜，死了几万人，还是胜负不分。

到了第四天，有人传来消息，说汉武帝仍然健在，现已移驾城西建章宫。这时长安城中才得知是太子谋反。于是太子的部下军心涣散，胆大的反而倒戈帮助丞相。就连民间的老百姓也知道是太子造反，因而没人敢去帮他。

太子见寡不敌众，便派长安囚徒如侯持符节前去征调长水和宣曲两地的胡人骑兵。此事恰好被侍郎马通侦知，他拍马便追，将如侯诛杀。

太子刘据逃出长安后，一路东奔，不久到了湖县（今河南灵宝北）境内一个名叫泉鸠里的地方，一个农民收留了他。这个农民很同情太子的不幸遭遇，虽然家境贫寒，仍然督促家眷昼夜编织草鞋，卖钱供给太子父子三人的生活费用。

久而久之，太子觉得过意不去。他猛然想起有个家道殷实的朋友住

在湖县，就想把他召来商议个办法。于是，他提笔写了一封求助信，派人前往投送。不料，竟因此走漏了风声，泉鸠里有几个来路不明的京城人的消息很快传到了地方官吏的耳中。

新安县令李寿闻风而动。为了得到重赏，他连夜率领精干的吏役，前往泉鸠里捉拿太子刘据。

霎时间，小小的几间民房被一班如狼似虎的吏役们围得水泄不通。太子刘据见逃生无望，便返回里间，紧闭房门，自缢而死。他的两个儿子与这家主人为了保护他逃走，与吏役们展开格斗，三人都死在乱刀之下。事后，李寿因功被封为邗侯。

刘据的尸体被运回京城。汉武帝看到后又觉得自己有些犯傻，杀了自己儿孙的人反而被封了侯，这不让天下人耻笑他的愚蠢吗？

太子之死，使老皇帝的头脑清醒过来。于是，他下令调查这起大案的内幕。一年后，真相大白。卫皇后和太子宫中根本就没埋过什么木头人，原来都是江充他们从中捣鬼，用来陷害卫皇后和太子的。汉武帝也逐渐了解到太子刘据的确是被江充一伙人所逼迫，在不得已的情况下才铤而走险的，本意中并没有丝毫的谋反之意。汉武帝懊丧不已，在湖县建起思子宫，把江充家灭族、处死了苏文，但大错已经铸成，人死不能复生……

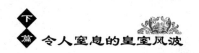

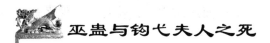
巫蛊与钩弋夫人之死

存心善，则风水有益。这句古话在今天看来有些迷信，但在公元前95年（或前96年）的某一天，西汉河间府确确实实发生了一起与风水有关的选美事件。其背后的存心是不是"善"，需因人而异。

前99年，李陵兵败于浚稽山而投降匈奴，太史公被腐，朝廷除李广利之外无将可用，对匈奴的战事随即暂停，汉武帝有了大把的时间到全国各地走走看看了。

话说汉武帝巡狩四方，忽一日，到达河间府武垣城（今河北沧州），随行的人中有个"气象专家"（术士）停了下来，煞有介事地东瞧瞧西望望，然后满脸喜色地对汉武帝说：陛下大喜，此地祥云环绕，气息非凡，必藏有奇异美貌女子，似天赐以待陛下也。

果然不出"气象专家"所料，"赵河畔上有人家"，奇女子找着了，姓赵，约莫十六七岁，美貌如花，唯双手握拳，不能展开。

《汉书》里说，赵钩弋的父亲曾做过宦官，与许多官员认识，赵家有女初长成，大概不算啥秘密。当地官员为了巴结讨好皇帝，跟皇帝身边人互相勾结，做好各种奇妙预案，坐等皇帝到来，不是没有可能。

小时候，幸福是一件东西，拥有就幸福；长大了，幸福是一个目标，达到就幸福；变老后，幸福是一种回忆，经历就幸福。对于小赵姑娘来说，含苞待放是资本，遇到皇帝算幸福，和汉武帝一起慢慢变老，那是不可能的，因为汉武帝已经老了；而对汉武帝，就对是一种幸福，经历了这等经历的奇女子，不枉此生。

《史记·外戚世家》（褚少孙补注）的记载："武帝年七十，乃生昭帝"，后元二年（前 87 年）二月，武帝驾崩，终年七十岁，其时汉昭帝已经八岁了。由此推算，刘彻是在六十一或六十二岁时遇到了赵钩弋，这已经很不简单了。

老夫少妻却也如胶似漆、恩恩爱爱。汉武帝自打有了小赵姑娘，什么卫皇后、尹婕妤，统统忘在爪哇国了。巡狩结束回到朝廷，什么事也不做，先晋升赵钩弋为婕妤，即赵婕妤，安置于甘泉宫。他自己也干脆直接搬到甘泉宫，对外宣称是疗养。

到了太始三年（前 94 年），小赵姑娘终于开花结果了，怀孕十四个月，生了个儿子，取名弗陵，号钩弋子，即是后来的汉昭帝。

幸福的时光总是过得很快，转眼间到了前 91 年，小弗陵三岁了，而太子殿下刘据已经三十八岁了，瞧这哥俩年龄的悬殊，在古代可做祖孙了。这一年的甘泉宫，春意融融，这一年的大汉朝，却是暗流汹涌。

老而弥辣的汉武帝似乎感觉到了什么，某日做了一个梦，梦中有人手拿剑要杀他。所谓能者无所不能，他老人家身边不乏解梦之"能人"，这一解梦不打紧，却解出了一位叫朱世安的大侠。朱世安是真有其人的，汉武帝心中不得安，必除之而后快。

巧合的是，此时宰相公孙贺的儿子公孙敬声因挪用军费罪被捕，父亲为了救儿子，就恳求汉武帝把抓捕朱世安的任务交给自己来完成，条件是赦免公孙敬声的罪。汉武帝居然同意了，让宰相做刑警，这是一奇；公孙贺费了不少功夫，居然抓到朱世安了，廷尉和长安令都没辙的事儿，宰相却办成了，这是二奇；朱世安在狱中反诬公孙敬声与阳石公主私通，并下巫蛊咒汉武帝，他一个平头百姓，是如何知道这些秘密的？这是三奇。

史料对这些扑朔迷离的悬疑的解释是，宠臣江充与太子刘据有旧怨，私下里教唆朱世安，借机削弱太子势力。因为公孙贺是太子的大姨夫，公孙父子在朝中很有影响力。

这解释显然难以自圆其说，《汉书》一语道破玄机："钩弋子年五六岁，壮大多知，上常言'类我'，又感其生与众异，甚奇爱之，心欲立焉"。原来如此，借此案杀了公孙父子，连亲生女儿诸邑公主与阳石公主、卫青之子长平侯卫伉等等都不放过，这些人都是些什么人？清一色都是卫家人、太子党。后一则案子更大、更血腥，牵连而死者，达数十万人，史称"巫蛊之祸"。

如果汉武帝的矛头不是指向太子，他明知江充与太子有怨，明知朱世安的诬陷不靠谱，为何还要委任江充彻查此案，将事态不断扩大？再说是老糊涂，也不至于如此糊涂吧。结果怎么样？汉武帝得偿所愿，太子被逼起兵，反抗未果，与母亲卫皇后双双自杀。

回过头来看，这其中赵钩弋有没有发挥作用呢？窃以为吹吹枕头风是可能的。汉武帝既然有心于弗陵，"类我"，那么作为母亲的赵钩弋由

此生出些奢望也就合情合理的，哪个母亲不为自己孩子的前程着想呢？

从野史《汉武故事》的记载看，她并非不关心时事之女人。野史是这样说的：（钩弋）告上曰："妾相运正应为陛下生一男，年七岁，妾当死，今必死于此，不可得归矣。愿陛下自爱，宫中多巫蛊气，必伤圣体，幸慎之。"这是她临死前说的话，居然"宫中多巫蛊气"，神了！若该记载属实，一个能够自愿去死而成就儿子继位的母亲，其心思之深、决心之大，不可小觑。

一说子贵母死，出自《史记》（褚少孙补注）和《魏书》。说汉武帝在甘泉宫让人画了一张周公背成王朝见大臣的图，并赐给奉车都尉霍光，于是左右大臣知晓武帝预立少子为太子。数日之后，武帝斥责钩弋，钩弋褪下簪珥连连叩头。武帝命人将其拉走送到掖庭狱（掖庭即后宫），被拖走的钩弋回头求饶，武帝说："快走！你活不了了！"之后钩弋死于云阳宫。使者夜间抬棺将其下葬，并把她的住处封掉。《魏书》对此加以肯定，"史臣曰：钩弋年稚子幼，汉武所以行权，魏世遂以为常制。子贵母死，矫枉之义不亦过哉？"

二说是"以忧死"，不是汉武帝杀的，出自《汉书》。班固说，汉武帝在甘泉宫修养期间，钩弋夫人随侍在侧，犯了过错，武帝斥责钩弋，后来钩弋夫人忧死于云阳宫，就地下葬。

现在流行的说法，大致认可第一种，但我认为还存在第三种可能，那就是赵钩弋并未死，而是被汉武帝雪藏了。理由有如下几点。

汉武帝封了云阳宫干嘛？"昭帝即位，追尊钩弋婕妤为皇太后，发卒二万人起云陵，邑三千户"。既然追封生母为皇太后，为何不将母亲合葬于汉武帝的茂陵？却大肆修筑云阳宫？而刘弗陵即位后，霍光"缘上雅意"追封李夫人为皇后，并将李夫人墓迁葬至茂陵。这"缘上雅意"又作何理解？

把这些疑点综合一下可知，云阳宫里住着大活人赵钩弋呢，汉武帝并未下狠手，而汉昭帝之所以同意让李夫人与父亲合葬，实出于母亲健在的欣喜，而这份欣喜不足为外人道也，以至于史料中查不到任何汉昭帝哀悼母亲的言语。

正史本身也存在蛛丝马迹，如《史记》云：（赵钩弋死后），其后帝（刘彻）闲居，问左右曰："人言云何？"左右对曰："人言且立其子，何去其母乎？"帝曰："然。是非儿曹愚人所知也。往古国家所以乱也，由主少母壮也。女主独居骄蹇，淫乱自恣，莫能禁也。女不闻吕后邪？"汉武帝重视外界舆论，或者正常，但对"立其子，何去其母"的回答，却用了"然"和"是非儿曹愚人所知也"的话，语气里含有不屑和窃笑，理由堂而皇之，背后颇多猫腻。

野史传说更是认定赵钩弋没死。《汉武故事》云："既殡，尸香闻十余里，因葬云陵，上哀悼之。又疑其非常人，乃发冢开视。空棺无尸，惟衣履存。上乃为起原灵台于甘泉"。这分明是个衣冠冢，汉武帝是在装哀悼，"发冢开视"乃神化赵钩弋而已，谁让人家老夫少妻是绝配呢，不得不杀而能想辙不杀，足见感情之深！《太平御览》也说：钩弋夫人自尽身亡之后，"尸不臭，香闻十余里，疑其非常人，及发冢开视，棺空无尸，惟双履（鞋）存。"既说自尽身亡，而尸体却又不知去向，不是一般的神。

造神的结果是，老百姓相信了，钩弋夫人或者真的是神仙下凡，河间府老家的百姓为她建了拳夫人娘娘庙，并供奉塑像，据说颇灵验，有求必应，以至求拜者不断。

历史的烟尘遮蔽了一代佳人的许多往事，却遮蔽不了诸多的问号，遮蔽不了大汉朝继续前行的步履。"君不见穆王三日哭，重璧台前伤盛姬"。无论她是假死还是真死，钩弋夫人，都是值得我们去伤情怀念的奇女子！

卫子夫母子惨死巫蛊之谜

人们好说红颜薄命。汉武帝的皇后卫子夫虽然谈不上是红颜薄命，因为她并不是年纪轻轻就死了，而是稳稳当当地做了三十几年的皇后，但是这并没有最终使她逃过悲惨的下场。

汉武帝刘彻年轻的时候很宠爱卫子夫。卫子夫出身卑微，她的母亲卫氏是汉武帝的姊夫平阳侯曹寿家的一名姬妾。据说这个卫氏长得风流秀美，曾经和人私通，生下了一男三女。后来，她到了平阳侯的府中，又与府中的郑季欢相好，生下了一个儿子，就是后来的大将军卫青。卫氏先后私通，一共生下了三子三女，长子卫长君，次子卫青，三子卫步；

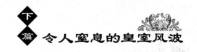

长女卫君孺，次女卫少儿，小女卫子夫。

其中，卫氏的长君孺嫁给了胡人公孙贺；次女卫少儿和霍仲孺私通，生下一个儿子，就是后来赫赫有名的大将军霍去病。三女卫子夫明艳动人，从小在平阳侯家中习歌功颂德舞，是一名多才多艺的歌女。有一次，汉武帝到平阳侯家中喝酒，在从多的歌女之中一眼就看中了年轻貌美的卫子夫，并且在更衣室中迫不及待地临幸了这个美人。随后卫子夫就被送到汉武帝的后宫之中。

但是后宫的美女实在太多，卫子夫原本以为入宫之后就会得到汉武帝的宠爱，可没有想到汉武帝竟然忘了她，而这一忘就是一年多。直到一年以后，后宫遣散多余的宫女，卫子夫也在遣散之列，出宫时汉武帝亲自做最后的鉴别，这才发现了卫子夫。此时的卫子夫，面对自己未卜的前程，哭得梨花带雨，很是惹人怜爱，汉武帝再定睛一瞧，竟是被自己临幸过的更衣室中的女子！于是亲自拉住了她。卫子夫就这样留了下来，后来渐渐红起来。

不久，卫子夫怀孕了。于是她趁机请汉武帝封自己的兄长卫青以官职，卫氏一门渐渐飞黄腾达，显贵起来。

后来，汉武帝原来的皇后陈氏失宠被废，卫子夫更加专宠后宫。她的兄弟卫青也因此跟着发达起来，官至大将军，竟然婚配了平阳公主。原来的主子变成了现在的妻子，可见卫氏一族的地位早已不同往日了。

卫子夫接连给汉武帝生了三个女儿。公元前 128 年，她终于如愿地生下了儿子刘据。母以子贵，既然陈皇后已经被废，卫子夫便被册立为皇后了。又过了六年，刘据被立为太子。太子喜爱读书，汉武帝就在太

子宫中盖了一座博望苑，供太子招纳文人。

巫蛊是当时盛行于宫中的一种巫术，即是用巫术诅咒。据说将木偶埋在地下，就可是以害死自己憎恨的人。汉武帝晚年多病，总疑心左右有人用巫蛊害自己，于是就在宫中大兴巫蛊案。

巫蛊之祸从公孙贺开始。有人上书汉武帝说公孙贺的儿子和阳石公主私通，并在汉武帝常常出入的甘泉地下埋有木偶，诅咒汉武帝，汉武帝听了大怒，立即查办治罪。公孙贺父子惨死在狱中。

随后，又有人诬告说太子宫中也有木偶人，且木偶上有字，不堪入目。太子大为恐惧，知道一旦沾惹上这种事端，就百口莫辩了。慌乱中，竟调用了皇上的车马和军队，打开了宫中的武器库，集结卫士想去捉拿散布谣言的奸人。结果一时间长安城里大乱，人心惶惶，都传说太子要谋反。

汉武帝开始还不相信，后来就派兵镇压，要捉拿太子，太子很害怕，就匆匆忙忙地逃出了长安，到一农家避难。可地方官一路追杀至此，太子无处可逃，只好闭门自缢身亡。皇后卫子夫也在宫中含恨自尽了。一年之后，汉武帝才查清了此事的原委，方知错怪了太子，也连累了皇后卫子夫。后悔不已，可是已经太迟了。

后来，汉武帝为了追思太子，在长安城内修建了思子宫，以寄托自己对卫氏母子的哀思。可无论如何，他的妻子和儿子，都死于他的一时昏庸，不辨是非。可叹卫子夫当年如此专宠，到头来竟落得个如此悲惨的结局！太子刘据也是自幼就深受父皇、母后的喜爱，可谓是衔金而生，最后却死于非命。就是因为汉武帝一时糊涂，大兴巫蛊，害死了多人，导致宫

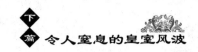

廷混乱，也直接害死了自己的皇后和太子，晚年尝尽了苦果。

卫子夫自杀后，葬于长安城南的桐柏亭附近。

桐柏正对着长乐未央宫，在桐柏登高可以看见长乐未央的歌舞升平。附近更有历代汉帝用来祭祀上天的神台，是风水极好之地。

汉宣帝即位后，将其曾祖母卫皇后改葬于长安城覆盎门外南北大道之东（桐柏亭所在的位置，就是后来宣帝登基之后重新厚葬的长安城覆盎门外南北大道之东。宣帝后来的"改葬"只是以皇后礼仪重新安葬她并起高大墓冢置陵园，设置周卫，并没有迁葬），其陵墓称"思后园"。又"置园邑三百家，长丞周卫奉守。"追谥曰"思"。又称"孝武卫思后"。是最早的有独谥号的皇后，自她之后，历代皇后在丈夫的谥号之后也开始有了独立的谥号。

太子刘据和他的两个儿子的墓冢在河南省灵宝县西50公里的豫灵镇底董村南约2公里处。位于最南面的墓东西长约150米，南北宽约50米，高约50米，占地面积10余亩，为武帝太子刘据之墓冢。他现存的墓冢封土比他的父亲武帝的茂陵还高，与太子冢西北相接处有皇孙冢两个，乃是刘据之子冢，俗称"皇孙冢"。

同样死于巫蛊之祸的卫子夫的姐夫公孙贺墓已经被发掘，在公孙贺的老家安葬，墓冢尚有封土，而且规格比一般民冢为高。可见陷于巫蛊之中的卫氏亲属皆有人打理后事，墓葬规格还不低。

现在有人根据《汉书·外戚传》"及卫思后废后四年，武帝崩，大将军霍光缘上雅意，以李夫人配食，追上尊号曰孝武皇后。"一句认为，卫子夫自杀前被废，这是非常错误的。

先来看《汉书·外戚传》"诏遣宗正刘长乐、执金吾刘敢奉策收皇后玺绶，自杀"。卫子夫自杀前，武帝下诏收皇后玺绶。玺绶代表皇后实权，而武帝下诏可以理解为，收回皇后实权（卫子夫支持太子起兵，武帝这个举动是可以理解的），但是皇后的名分仍然保留。这就有两种可能，一是收玺绶时卫子夫自杀，正式的废后诏书还未来得及下，废后程序终结；二是武帝只是暂时收回皇后实权，待太子起兵事尘埃落定后再做出是否废后的决断，但卫子夫没有给他这个机会。

再来看看班固这句"卫思后废后四年"，很明显是为下文霍光追尊李夫人为孝武皇后做铺垫，如果班固说卫思后没有被废，那么就显得霍光追尊李夫人的行为名不正言不顺。说到底，就是文字游戏而已。

汉宣帝痛失爱姬秘闻

汉武帝巫蛊之祸后，皇太子刘据全家被杀，仍在襁褓中的武帝曾孙刘询被囚禁于掖庭。张贺曾于太子府上当家吏，在刘据全家遇难后，张贺受牵连被判处"腐刑"。但张贺颇重情谊，对刘询悉心照顾。转眼间刘询已长大，张贺便准备为他筹办婚事。他本想把他的弟弟张安世的女儿许配给刘询，却遭到张安世的断然拒绝，他认为刘询虽为汉武帝的曾孙，

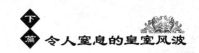

但此时只是庶民一个，根本不配娶他的女儿，于是张贺转向许广汉提亲。

许广汉原是武帝的侍卫，因拿了别人的马鞍，放到自己的马背上，犯了"从驾而盗"的大罪被判死刑，后改判为宫刑。昭帝在位时，上官安连同燕王刘旦、鄂邑长公主等人谋反，许广汉被派遣至上官安府中搜查，因找不到用以对付异见者的千条绳索，却为其他人全数查获，因此被判三年徒刑（他已没有生殖器可割了）。事后被遣至暴室服役。许广汉有女儿名许平君，十四岁时曾许配给欧侯氏为儿媳，未过门丈夫便病死了。听见张贺为皇曾孙提亲，想到自己的落魄，恐怕也不能让女儿指配什么好人家，因此一口答应。可是许广汉的妻子却不同意："我曾为女儿卜卦，说女儿将会大富大贵。皇曾孙是叛逆之后，若把女儿嫁予他，我们还能有什么指望吗？"但许广汉仍执意让刘询与平君成婚。

汉昭帝死后，大将军霍光迎昌邑王刘贺即位，霍光受遗命辅政。不出一月，因刘贺昏乱无道，被霍光废去帝位，迎汉武帝的曾孙刘询登基，是为汉宣帝。宣帝初即位，照例须祭祀宗庙；大将军霍光骑马与宣帝同行，宣帝坐在舆中，好似背上生着芒刺，内心十分不安。

不久丞相杨敞病逝，任御史大夫蔡义为丞相。蔡义已八十多岁，伛偻曲背，形似老妪，霍光用了一个不中用的老朽为相，是想自己控制朝廷大权。宣帝即位后，封许平君为婕妤。中宫后位未定，群臣为讨好霍光，私下多打算立霍光的小女为皇后，宣帝听说此事，对身边的侍者说："朕当年寒微时的佩剑在哪里，去为朕取来。"群臣明白了宣帝的意思，遂异口同声请立许平君为皇后。许平君出身微贱，虽为皇后，但保持了朴实的一面，平时的衣服也俭朴无华。

霍光独揽大权，凡朝廷政事都必须先报知霍光，然后才上奏给宣帝。霍家子孙都在朝中任要职。宣帝对霍光十分猜忌，但又无可奈何。

霍光的元配东闾氏，只生有一个女儿，嫁给了上官安为妻。东闾氏有个婢女名叫霍显，狡黠异常，被霍光所宠爱，纳为小妾。东闾氏死得很早，霍光就将霍显作为继室。霍显是一个淫悍的泼妇，她生了几个子女，小女儿叫霍成君，还没有出嫁。霍显一心打算将女儿霍成君嫁给宣帝做皇后。谁知宣帝糟糠之妻难舍，让故妻许平君正位中宫做了皇后。霍显极度失望，她日思夜想，想把皇后许平君害死。

本始三年正月，许平君怀孕期满，即将分娩，忽然觉得身体不舒服。宣帝遍召御医诊治，而且召募女医进宫朝夕看护许平君。恰好掖庭户卫淳于赏的妻子淳衍粗通医理，便应召入侍。淳衍与霍显认识有很多年了，淳于赏对妻子说："你何不去与霍夫人辞别，为我求安池监的职位。若霍夫人肯代为周旋，我一定可以补缺！"淳衍便去了霍家。霍显将淳衍引至密室，悄悄地说："你想要我代谋安池监的职位，这一点都不难，但我也想麻烦你一件事，你答应我么？"淳衍说："但凭夫人吩咐。"霍显笑着说："大将军最爱小女儿成君，正为此事，有劳你援手。"淳衍不禁愕然，问道："夫人什么意思？"霍显将淳衍拉近，附在她耳边说："女人产育，关系到生死。现在皇后因怀孕而得病，正好将她毒死。天子若将小女立为继后，我们霍家与你共享富贵！"淳衍听到这里脸都白了，她哆嗦着说："药方必须众医配合，进服时也有人先尝，此事恐怕难成。"霍显复冷笑说："是否成功只看你肯不肯而已，大将军掌天下大权，即使有事谁敢多嘴？只怕你犹豫无意。"淳衍徘徊半天，最后一咬牙答应了

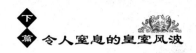

霍显。她私下将附子捣成粉末，藏在衣服里，带进了宫中。

许平君临盆生下一个女儿，产后虚弱，需要调理，经御医拟定了一副药方，单衍将附子末悄悄掺入药里。附子性热，本无剧毒，但不宜产后服用。许平君喝下药，顿时头昏眼花，额上冷汗淋漓，她挣扎着问单衍："这服丸药，莫非有毒不成？"单衍说："丸药是众医公拟的方子，怎么会有毒，再过一刻，自然大愈。"许平君听了半信半疑，不久瞳孔散大，迁延片刻而死。

宣帝十分悲痛，有人奏言皇后的暴崩，想必与用药有关，应拿诸医拷问。宣帝当即命有司拿问诸医。单衍刚进家门，有捕吏来将她逮入狱中。单衍抵死不肯供认，其他的医官，因为并不知情，都同声喊冤。霍显听说单衍被拘讯于大狱，惊惶失措，这时杀人灭口已来不及，即使杀了单衍，反而更让人怀疑，她万般无奈，只好将实情告知霍光，霍光十分吃惊，责备霍显为何不与他商量就鲁莽行事。霍显已在一旁泣不成声。霍光见爱妻哭得像一朵带雨的梨花，一腔怒气早已平息。他考虑的是如何瞒过这件事。于是入朝见宣帝，说皇后的崩逝是命数注定，若加罪于诸医，未免有伤仁德；况且诸医也没有这胆子敢谋害皇后。宣帝才二十一岁，况且有前废帝刘贺的前车之鉴，不敢再坚持，于是传诏赦免了诸医。单衍也就此逃过一劫。只是许平君糊里糊涂地入了黄泉。

霍显此时才放下心，密召单衍，酬谢她无数的金帛，而且替她营造了华丽的房屋，购置许多田宅婢仆，让单衍享受荣华富贵，借此堵住她的口。霍显为小女霍成君安排妆奁，只等着她当皇后了。不久宣帝同意霍成君入宫。俗话说少年无丑妇，每一个女子在她最年轻的岁月里都有

光彩照人的一面。宣帝也正当大好年华，虽然与许平君琴瑟和谐，心中时时追忆伤感，但看了如花似玉的新人，怎能不夜夜缠绵？过了一年，便将霍成君册立为皇后。

直到霍光去世后，霍家毒杀许平君的事逐渐暴露，先是霍家执兵权者一一夺去兵权。霍光的儿子霍禹知道旧事必会被追究，于是鱼死网破想孤注一掷，因计划并不周密而造反未遂。不久皇后霍成君被废，幽禁于上林苑的昭台宫，十二年后自杀而死。霍显与亲属多以大逆罪被处死，和他们连坐被诛灭的有数十家。

史书把霍光比作古时的贤臣伊尹周公。汉武帝临死时，便命画工画了一幅周公背负周成王的图画赐予霍光，嘱托霍光像当年周公辅佐年幼的周成王一样辅佐昭帝。《汉书》云："昭帝既冠，遂委任霍光，迄十三年，百姓充实，四夷宾服。"霍氏势力虽"党亲连体，根据于朝廷"，但多不奉公守法，为霍氏家族的结局埋下了祸根。汉朝的外戚专权一直是政局不稳的关键因素，其实霍光与王莽不过是一枚硬币的两面，只是他们在历史上的名声不一样。外戚想巩固自己的势力，必然依靠皇后，因此皇后的人选便是冲突的焦点，所谓"怀璧其罪"，许平君被卷入那个阴谋是不可避免的。至于许平君被杀是否为霍光一手安排，已难以考证，倒是最后由霍显顶了骂名。但不论想当"王莽"还是想当"周公"都必须有资本，假若许平君不死，恐怕"周公"就不姓"霍"而是姓"许"了。

汉武帝引发了巫蛊之祸？

和秦始皇一样，汉武帝是我国历史上一位不世出的皇帝。但由于专制制度的劣根性，在他晚年竟卷入一场荒唐的宫廷流血惨剧之中。历史的局限性使他的雄才大略蒙上了阴影。

公元前91年，即汉武帝征和二年，在当时的京都长安，发生了一起造成数万人流血的大惨剧，这就是历史上著名的"巫蛊之祸"。而被列为这一事件罪魁祸首的就是江充。

关于江充，不同的历史学家虽然从各个不同的度角出发，对其责难时有轻重，但基本的一点是相同的，即为大奸。倒是康熙是一个明白人。由于他在评价这一历史事件时，有一般史臣所没有的居高临下的位置，所以能得出较为符合情理的结论。他在御批《通鉴》的眉批中说了几句公道话："充虽大奸，岂能谋间骨肉？芽特觑易储之萌，足以乘机窃发耳，物先腐而后虫生。"事实上，江充的一生绝不是"大奸"二字所能概括得了的。在整个事件中，他起了特殊的作用，也显露了独特的个性和胆识。

江充是赵国邯郸人，属于"布衣之人，间阎之隶"，也就是当时的中

小商人阶层。他本名齐，字次倩。他有个妹妹能歌善舞，嫁给了被称为敬肃王彭祖的儿子太子丹。由于这种姻亲关系，他得以步入宫廷，成为赵王宫的上宾。

据《汉书》记载，这位敬肃王彭祖是一个以"巧佞、卑谄、足恭"，而"心深刻"著称的人物。他的存在本身就是对佛家因果报应说的一个讽刺。

汉王朝对诸侯王是深怀疑忌的，中央派到各王国的"相"都负有监视他们的职责，必要时还可以对他们采取行动。可是彭祖在位的六十多年里，那些派到赵国来的国相及其他长吏，却往往刚干了一两年就因罪而被罢免，并且是"大者死，小者刑"，弄得那些被派到赵国来的"相"个个提心吊胆，不敢对他的恶迹有稍许的揭露。

彭祖专用的办法可归纳为八个字，即先发制人，陷人于罪。每当中央派有新的官吏到来，他都穿上帛布单衣，自行迎接，对皇帝的使臣表示异常的恭顺和尊重。以后，他又"多设疑事诈动之"，千方百计地制造圈套促使对方失误。一旦那些使臣鬼迷心窍，在他面前说出犯朝廷忌讳的话，他就偷偷地记录在案，然后在适当的时机进行要挟。如果你不服服帖帖，听其所为；如果你不买账，想干点什么，他就把搜查到的材料捅上去，给你造成杀身之祸。这种豺狼似的凶狠与狐狸似的狡猾，使他能稳坐在赵王宫的宝座之上，在赵国作威擅权，垄断商业经营，甚至杀人越货，使他的私人收入多于国家的赋税。在赵国，他无法无天，为所欲为，且"多内宠及子孙"。

这样一个赵王宫，当然可称之为魔窟了。要在这种魔窟里生活，而

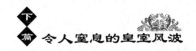

且还待为"上客"，不具备超人的机敏和狡诈是绝对不行的。江充在这样一个环境里春风得意，的确证明他绝非等闲之辈。

彭祖的儿子太子丹更是一个比乃父有过而无不及的人物。他的穷凶极恶是无法想象的，仅就荒淫这一点就足以惊世骇俗。他除拥有大量姬妾外，还奸及他父王的后宫和他自己的亲姊妹。皇族的高贵掩盖着禽兽般的无耻。由于干了太多的坏事，他时刻提防别人告发他的隐私。

由于关系过于密切，很多事情当然都无法瞒过江充的耳目，于是怀疑的邪火烧到他的身上来了。韩非子把同床列为八奸之一，作为防范的重点，看来太子丹对此也作过研究。正因为上述原因，太子丹使吏追捕他，他机警地变名潜逃，而他的父兄及全家老小均被捕杀，那位能歌善舞的妹妹也没逃脱被诛杀的命运。江充的遭遇，使他和赵王以及整个刘氏家族结下了血海深仇。

为了彻底逃脱太子丹的追捕，实现报仇的目的，他逃入关中，告发太子丹。一个逃犯要见深宫内院的皇帝，谈何容易，江充凭着他的机智和勇敢见到了汉武帝，告了御状，所列罪状有："与同产姊及王后宫乱，交通郡国豪猾，攻剽为奸，吏不能治"等。结果，汉武帝龙颜大怒，派吏卒包围赵王宫，收捕太子丹，将他投入魏郡诏狱，被判死刑。这时，赵王彭祖慌了，急忙上书为太子丹罪行申说，反诬江充"逋逃小臣，苟为奸伪，激怒圣朝"。他企图激怒皇帝并借皇帝之手来杀掉江充，以报私怨。他还顺应武帝急于攻击匈奴、安定北方的思想，表示愿意带领赵国的武士去攻打匈奴，愿"极尽死力，以赎丹罪"。但是，赵王彭祖的这些赎罪的哀求和效忠的誓言，并未能使这位骨肉之亲的皇帝感动，最后还

是废掉了这位刘丹的太子资格，而仅仅免于一死。

江充斗垮了赵王父子，他的勇敢和才智赢得了武帝的赏识，从而由一个逃犯而成为朝廷的近臣，很快成为权倾一时的风云人物。

江充的成功并不是偶然的。汉朝自开国以来，中央政府与各诸侯之间一直保持着一种紧张而微妙的关系。江充的进用，与汉武帝重用张汤、主父偃等原因完全一样，即用酷吏来制服那些嚣张跋扈的诸侯贵戚，达到拱卫王室的目的。正因为这一点，江充的上书正好中了武帝的下怀。于是，江充被召见于上林苑犬台宫，并且得到了"以常被服冠见上"的殊荣。

江充魁岸的身躯和翩翩的风度吸引了汉武帝，"望见而异之"，称赞"燕赵固多奇士"。更重要的是，江充对当时政事的看法博得了武帝的赞同。任何一个地方诸侯国的削弱，都意味着中央政府也就是皇帝个人权力的加强。江充打击诸侯的主张，深深地打动了汉武帝的心。

为了进入权力的核心，江充根据以功自进的原则，自请出使匈奴，并提出了"因变制宜，以敌为师，事不可预图"的行动方略。

"因变制宜，以敌为师"作为一种战略来说，的确是深刻而高明的。这比起孙子的"知彼知己，百战不殆"来，变被动的"知"为主动的"师"，使消极的应付事态变转为积极地应付事态的发展，研究敌人的策略，学习敌人的长技，以达到战胜敌人的目的。从江充对汉武帝的奏对，我们可以看出他绝非那种曲媚便僻侥幸得势之辈。在他的身上具备了哲学家的头脑和政治家的胆略。而汉武帝对他的重用，正表明他不愧为一代雄主。

江充出使匈奴之后，当上了权势显赫的直指绣衣使者，大举弹劾那些奢僭逾侈的贵戚重臣，使那些不可一世的贵戚子弟感到惶惶不可终日。他们"皆见上叩头求哀，愿得入钱赎罪"。于是，他们各以官爵大小输钱北军，总数达数千万。对贵戚的打击，使江充在汉武帝心中形成了"忠直、奉法不阿"的良好印象。也正因为他的努力，使汉家"三尺法"得到了维护和伸张。在与贵戚的斗争中，还发生了两起惊心动魄的事件。这两起事件，从正面揭开了"巫蛊之祸"的序幕。

馆陶长公主名嫖，为汉文帝的长女，景帝的姐姐，武帝的姑母，是一个善于玩弄权术、能够左右朝政的贵妇人。汉代的长公主都喜欢为她们做皇帝的弟弟物色美女，首开其端的就是这位馆陶公主。当时，景帝后宫的诸美人均因为长公主的推荐赞誉而得宠幸，她这种普遍结恩的办法激怒了太子的母亲栗姬。这位心胸狭隘的栗姬低估了馆陶公主的力量，断然谢绝了馆陶公主主动提出的将女儿许与太子为妃的要求，使这位皇帝长姊恼羞成怒，于是把目光转向王夫人的儿子，也就是后来的汉武帝。

据传说，这位后来的皇帝竟是一位天生的情种，虽然当时只有四岁，却表示如果将来能得到这位表姐为妻，一定打造一座金房子来给她住。这就是后来广为流传的"金屋藏娇"的佳话。

王夫人许婚后，馆陶长公主在景帝面前对栗姬大加诋毁，最后终于造成了废栗姬之子，立王夫人之子为太子的事实，王夫人也因此晋封为皇后。

由于馆陶长公主与汉武帝的皇位有着如此密切的关系，她成了一位炙手可热的人物。她敢于不顾皇家禁令，乘车奔驰于只能供皇帝车骑行

驶的驰道之中，大量的随从车马显示出她特殊的高贵和尊严。对于她的这种显赫势位，对于她这种逾侈奢僭的行为，一般人都习以为常，有的即使心有异议也不敢过问。然而这次长公主的车骑却被江充撞见了。对这种从来无人干涉的违制行为，江充竟"呵问之"。这一声呵问，对于这位高贵得无以复加的金枝玉叶来说，的确是大不敬的行为，没有敢将虎须的勇气是喊不出来的。馆陶公主对自己的行为是习以为常，更有恃无恐。她坦然回答："有太后诏"。虽然如此，江充仍然坚持只准公主一人进宫，将其随从全部挡在宫外，并没收了全部车马被具。

在作为帝王将相家谱的正史中，江充以"大奸"之名遗臭万年。就是有些离经叛道的李贽，也在他的《藏书》中把江充归入"贼臣传"之列。但我们通读汉代典籍，才了解到江充并非"大奸"，亦非"贼臣"，而是一位深谋远虑的复仇者活跃在汉武帝晚年的政治舞台上。

值得注意的是，太子兵败，"诏收后玺绶，后自杀"，武帝倾注过那么多感情的太子之母卫子夫也自杀了。在太子兵败的次年，那位不走运的刘屈氂又卷入一场新的巫蛊之祸，落得妻子枭首、本人腰斩东市的结果。

不知谁发明的这句成语："伴君如伴虎"，果然不虚。

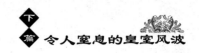
酒色蚀骨：赵飞燕掌控后宫之谜

赵飞燕是汉成帝的皇后，是中国民间知名度最高、风流故事最多的女人。她原本是一个职业舞妓，凭着她妖艳的容貌和出众的舞蹈才能，被成帝召入后宫并封为婕妤。赵飞燕在后宫掀起了轩然大波，她的一生谜团重重……

皇后赵飞燕的身世之谜

在中国历史的美女排行榜上，赵飞燕是有名的古代四大美女之一（西施、王昭君、赵飞燕、杨玉环）。可能是赵飞燕口碑不佳的原故，不知从何时开始，亦不知是何人所为，将谜一样的赵飞燕改成了同样像谜

一样的貂婵，这实在有点冤枉。有句成语叫"环肥燕瘦"。"环"，是指唐玄宗的宠妃杨玉环，属体态丰腴型美女；"燕"，是指汉成帝的皇后赵飞燕，属体态纤瘦型美女。此成语来源于宋朝苏轼的《孙莘老求墨妙亭》诗："短长肥瘠各有态，玉环飞燕谁敢憎？"后人便以"环肥燕瘦"来形容"美女生百态，各自不相同。"

说到赵飞燕，就不能不说赵合德，因为她们既是双胞胎，也是私生女。赵飞燕一生的荣辱祸福，都是和她的妹妹赵合德连在一起的。起初，她们生活在社会最底层，受尽人间辛酸苦楚；后来，她们生活在社会最高层，享尽人间荣华富贵。她们的生平遭际，充满了传奇色彩，就连身世也像谜团一样，让人看不清晰。也不知为何，虽然姊妹俩始终在一起，可世人只知有赵飞燕，而不知有赵合德。

有资料说，赵飞燕的父亲是汉代官奴赵临；也有资料说，赵飞燕是其母嫁给江都中尉赵曼后，与舍人冯万金私通而生；就连正史《汉书·外戚传》的记载也是十分笼统的："孝成赵皇后，本长安宫人。初生时，父母不举，三日不死，乃收养之。及壮，属阳阿主家，学歌舞，号飞燕。"什么叫"不举"？"不举"就是不要了，就是赵飞燕姊妹刚生下来，就被父母抛弃郊野，三天后，母亲心中不忍，去遗弃处查看时，姐妹俩还未死，由是，又抱回家中收养。为什么会这样？《汉书》没说，而西汉人伶玄所作的《赵飞燕外传》则给出了答案。《赵飞燕外传》是伶玄根据与赵飞燕同时期在宫中服务的樊姓女官出宫后的叙述，而整理成书的。此书可信度很高，《资治通鉴》亦引用了该书不少的文字。

赵飞燕的母亲是江都王（今江苏扬州）刘建的孙女，称为姑苏郡

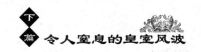

主，嫁与郡国军队的统领江都中尉赵曼为妻。谁知赵曼"早有私病"（见《赵飞燕外传》），这私处的病，大概是先天性阳痿或者性生理一类的疾病，因此，婚后不能行房事。尽管如此，中尉的婚后生活也还算是平静的。

可是不久，中尉府平静的生活发生了变化，引起这一变化的是一个叫冯万金的人。冯万金的父亲冯大力，因精通音律，在江都王府任音律舍人。冯万金继承家传，除精通音乐外，亦能谱曲并善于修改前人之曲，他所演奏的音乐十分动听，是"闻者心动焉"。偏偏中尉赵曼也很喜欢音乐，故常请冯万金到府中演奏。

冯万金跟随父亲冯大力，也在姑苏郡主娘家当乐师。冯万金应邀到赵府演奏时，赵曼自然要请郡主一同欣赏。相传如无冯万金在座演奏，赵曼连吃饭都不香。这样一来二去，冯万金就成了中尉府中的常客，可以不请自到，随时出入。因赵曼"早有私病，不近妇人"的原故，已经长期处于性饥渴状态的年轻的姑苏郡主，如今恰遇风流倜傥且在娘家就已相识的青年乐师，情欲恰似干柴烈火，无法控制。在两情相悦之下，郡主与冯万金私通并怀孕了。

赵曼生性暴妒，郡主怕事情闹大，于是推说有病，遂回娘家调治。数月后，郡主临盆，产下一对孪生姐妹。因是私生女，又是在高度保密的情况下生产的，为了不惊动外人，郡主便着人将这一对初生婴儿抱去郊野扔掉了。

过了三日，郡主放心不下。由是，在下人的引领下来到抛婴处查看，想不到，两个女婴居然还活着。郡主于心不忍，又把她俩抱了回去。这

才有了《汉书·外戚传》记载的："初生时，父母不举，三日不死，乃收养之。"

可是，放在何处收养呢？既不能放在江都王府，更不能放在中尉府。于是，郡主就把二女交给了生父冯万金，放在冯家抚养，"二女归万金，长曰宜主，次曰合德。"（见《赵飞燕外传》）并给二女取名，姐姐叫冯宜主，妹妹叫冯合德。

自姑苏郡主把二女交给冯万金后，为避是非，再也没去看望过女儿。数年后，江都王刘建因"图谋不轨"事发，遂畏罪自杀。中尉赵曼和姑苏郡主受到牵连而不知所终，因此冯家与郡主断了线索。

姐妹俩在冯家平安地生活了十年左右，不幸发生了，冯万金一病而亡。冯家本不富裕，二女又是私生女，冯万金一死，便无人照料她们。为求生存，姐妹俩只得离开冯家，外出乞讨，几经辗转，二女流落到长安。白天，她们沿街行乞，靠人施舍；夜晚，她们在无人居住的破屋栖身。这两位日后对西汉历史产生重大影响的绝代美人，就是在这样的生存环境中尝尽了人间的辛酸。

俗话说："天无绝人之路"。栖身于破屋的冯家姐妹，让一位路过的老汉动了恻隐之心。老汉名叫赵临，是阳阿公主府的家令，即管家。阳阿公主与汉成帝刘骜是什么关系？史籍没有记载，总之，是皇帝的至亲。赵临年过半百，两个儿子都在乡下，身边没有亲人，看到两个小姑娘实在可怜，便把她们带回家中。问明身世，知道是两个无依无靠的孤女。赵老汉让佣人帮姐妹俩一番收拾后，发觉姑娘虽然瘦弱却难掩天生丽质，且举止从容，应对得体。老汉一时高兴，想认她们为义女，姐妹机灵，

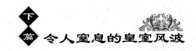

当即跪拜认父。赵临大喜，当场认女，让二女改为赵姓，长曰赵宜主、次曰赵合德。但此"赵"非彼"赵"，和江都中尉赵曼的"赵"，并无丝毫瓜葛。

义父当为义女谋前程，赵临向阳阿公主请求，想把二女送入公主府练习歌舞，阳阿公主见赵宜主姐妹容貌可人，便留下她们在公主府做了歌舞伎。赵宜主天资聪颖，几年下来，便修练得歌如莺语，舞似燕翔，目能摄魄，貌可倾城。公主赐其名号为"飞燕"，从此便只有"赵飞燕"，再无"赵宜主"。

真正改变赵飞燕姐妹命运的时间，出现在汉成帝鸿嘉三年（公元前18年）。这一日，喜欢微服出行、斗鸡走马的汉成帝刘骜，又带了几个随从微服出行。玩累后，来到了阳阿公主府，公主命歌舞伎表演歌舞为皇帝助兴。赵飞燕那清丽动人的歌喉，婀娜曼妙的舞姿，摄人魂魄的眼神，一下就把刘骜勾住了，并为之倾倒。临行时，刘骜从公主府带走了赵飞燕。

赵飞燕一入宫，便艳压群芳，让后宫四万美女皆黯然失色。《赵飞燕外传》是这样形容赵飞燕媚功的："及幸，飞燕瞑目牢握，涕交颐下，战栗不迎。帝拥飞燕，三夕不能接，略无谴意。宫中素幸者从容问帝，帝曰：'丰若有余，柔若无骨，迁延谦畏，若远若近，礼义人也，宁与汝曹胁肩者比耶！'及幸，流丹浃籍。自此特幸后宫。"赵飞燕凭借常人没有的媚艳和在房事上"欲迎故拒"的媚功，很快椒房独占，成了皇帝的专宠。

不久，汉成帝听说赵飞燕的妹妹比姐姐更甚，又把赵合德召进宫来。

《资治通鉴·汉纪二十三》是这样描述合德进宫的："有女弟复召入，姿性尤醲粹，左右见之，皆啧啧嗟赏。有宣帝时披香博士淖方成在帝后，唾曰：'此祸水也，灭火必矣！'姐弟（妹）俱为婕妤，贵倾后宫。"与赵飞燕的纤瘦不同，赵合德身形丰腴、肌肤光滑："合德膏滑，出浴不濡。"肌肤细腻光滑到出浴后滴水不沾。"是夜进合德，帝大悦，以辅属体无所不靡，谓为'温柔乡'。"

此后，赵氏姐妹皆封为婕妤，成为汉成帝刘骜的后宫专宠，其命运也随之发生了天翻地覆的变化。

赵氏姐妹靠美媚专宠后宫秘闻

赵飞燕凭着美貌、妩媚及舞乐俱佳的本领，一入宫，便让后宫四万美女黯然失色。再加上随后入宫，别有韵味的妹妹赵合德，后宫便被赵氏姐妹独占了。《汉书·外戚传》是这样记载的："上见飞燕说（悦）之，召入宫，大幸。有娣（妹）复召入，俱为婕妤，贵倾后宫。"

汉成帝鸿嘉三年（公元前18年）十一月，早已被皇帝冷落的许皇后，因牵扯到其姐许偈的巫蛊案中而被废。《汉书·外戚传》是这样记载的："事发觉，太后大怒，下吏考问，偈等诛死，许后坐废，处昭台宫，……凡立十四年而废。"

汉成帝永始元年（公元前16年）六月，汉成帝刘骜不顾大臣的反对，举行了册封大典，立赵飞燕为皇后，赵合德也由婕妤晋封为昭仪，姐妹同时荣升。赵飞燕于鸿嘉三年进宫，被立为皇后是她进宫的第三个年头，此时芳龄应为十九岁。她的义父赵临，此前已被封了侯爵。不过，终汉成帝一朝，赵飞燕姐妹并未为其义父家族争取多少利益，赵皇后的娘家是唯一无权无势的家族。

赵飞燕除了妖娆媚艳外，能迷住皇帝的还有通音律、晓诗书、善歌舞。《赵飞燕外传》是这样形容她的妩媚的："后（皇后）腰骨尤纤细，善踽步行，若人手执花枝颤颤然，他人莫可学也。"由于她"善行气术"，轻功极好，故"身轻若燕，能作掌上舞"。

一日，汉成帝与赵飞燕在太液池乘龙舟游玩。成帝道："卿体态轻盈，朕欲令宫人托翠玉盘于手中，卿在盘中歌舞如何？"飞燕领命后，整衣起舞玉盘中，又歌《归风送远曲》。"帝以文犀簪击玉瓯，令后（皇后）所爱侍郎冯无方吹笙以倚后歌。中流歌酣，风大起。后顺风扬音，无方长嘘，细弱与相属。后裙髀曰：'顾我顾我！'帝曰：'无方为朕持后！'无方舍吹，持后履，久之风霁。后泣曰：'帝恩我，使我欲仙不得。'怅然曼啸，泣数行下。帝益爱后，赐无方千万，入后房闼。"（见《赵飞燕外传》）这便是赵飞燕随风而起之时，被冯无方一把抓住足履，使之飘然欲飞而不得去。亦是"掌上舞"的出典处。明代小说《昭阳趣事》就有一幅《赵飞燕掌上舞图》的木刻。

赵飞燕不仅歌舞绝佳，操琴亦属一流。长安有一少年叫庆安世，自

幼习琴，十五岁时便名满天下。一日，入宫为皇帝和皇后演奏《双凤离鸾曲》，琴声悠扬如鸾凤和鸣，令皇帝夫妇如醉如痴。赵飞燕尤为激动，令人取来她的《凤凰》宝琴，弹奏了一曲《归风送远》，飘逸空灵的琴声，令庆世安惊叹不已，自叹弗如。赵飞燕特求汉成帝刘骜下诏，准其任意出入皇宫，并授予侍郎之职。

赵飞燕进宫时，刘骜三十八岁。到永始元年六月，赵飞燕立为皇后，赵合德封为昭仪时，刘骜已经四十岁了，此时姐妹二人仍没有怀孕生子的迹象。早在赵合德进宫时，刘骜曾当着赵氏姐妹的面承诺两条：一、使天下之人不超过赵氏姐妹，二、他的儿子一定由赵氏姐妹来生。这也是刘骜只能专宠赵氏的原因之一。在赵氏姐妹中，赵合德体态丰腴，媚功更甚，渐得刘骜偏爱。《汉书·外戚传》记载："后宠少衰，而弟（即妹）绝幸。"

在被皇帝冷落后，为了能有子嗣，赵飞燕开始引入一些多有子女的侍郎、宫奴，与之私通。《资治通鉴·汉纪》记载："赵后居别馆，多通侍郎、宫奴多子女者。"其中，史书记载了姓名的有两人，一个是侍郎冯无方（即作"掌上飞"者），一个是宫奴燕赤凤（宫奴是指汉代官员犯罪后受到惩罚，在宫中服劳役者，不是太监）。据《赵飞燕外传》记载："后（飞燕）所通宫奴燕赤凤者，雄捷能超观阁，兼能昭仪。"说的是燕赤凤身体雄健敏捷，能飞檐走壁，后来又与赵合德私通。

赵合德知道，此事一旦传入皇帝耳中，必招杀身之祸，便提前给成帝打预防针。"昭仪尝谓帝曰：'妾姐性刚，如有人构陷，则赵氏无种矣！'因泣下凄恻。帝信之，有白（说）后（皇后）奸状者，帝辄杀之。

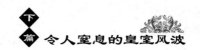

由是后公为淫恣，无敢言者。"（见《资治通鉴·汉纪》）

由于赵氏姐妹始终未孕，为了地位免受威胁，她们便对被皇帝偷偷宠幸后怀有身孕的宫女嫔妃"饮药伤坠者无数"（见《汉书·外戚传》）。一位曹姓宫女生了一个男孩，竟被逼死，孩子也被扔出宫门外。许美人生一子，赵合德在汉成帝刘骜面前哭闹不已，逼成帝下诏赐死母子。色迷心窍的刘骜，为了讨好赵氏姐妹，竟置江山社稷于不顾，两次杀害亲子。

成帝元延三年（公元前10年），刘骜已经四十三岁了，仍然无嗣。大臣上书"为后嗣忧"。皇太后王政君与刘骜商量后，召中山王刘兴和定陶王刘欣进京。以便暗中考察，选择皇嗣。"末年，定陶王来朝，王祖母傅太后私赂遗赵皇后、昭仪，定陶王竟为太子。"（见《汉书·外戚传》）。绥和元年（公元前8年）二月，汉成帝颁诏，立定陶王刘欣为皇太子。

赵氏姐妹得到皇帝的专宠，为何又不能生育呢？据《赵飞燕外传》记载，还在冯家时，一个叫李阳华的长辈，就教会了赵氏姐妹制作"香肌丸"。此丸塞入肚脐后，能溶入人体，使人肤如凝脂、肌香甜蜜、摄人魂魄、青春不老，这便是赵氏姐妹让刘骜不能自持的杀手锏。但此药丸的配方中有大量麝香，用多了会使妇女绝育。"婕妤纳肌丸，常试"，这说明赵氏姐妹还在做婕妤时，便常用"香肌丸"。"若为妇者，月事益薄。他日，后（皇后）言于承光司剂者上官妩，妩应曰：'若如是，安能有子乎？'教后煮美花涤之，终不能验。"（见《赵飞燕外传》）

因为长期迷恋赵氏姐妹，尤其是对赵昭仪的迷恋，刘骜已经要靠春

药来维持房事了。有方士献上春药大丹，刘骜每服一丸，便能得到房事上的满足。绥和二年（公元前7年）三月，汉成帝终于命丧春药大丹。"帝日服一丸，颇能幸昭仪（赵合德），一夕，在大庆殿，昭仪醉，进七丸。是夜，绛帐中拥昭仪，帝笑声吃吃不止。及中夜，帝昏昏。知不可将，抵明，帝起御衣，阴精流输不禁，有顷绝倒。裹衣视帝，馀精漏出，沾于被内，须臾帝崩。"（见《赵飞燕外传》）这位四十六岁的风流皇帝，终于死在了赵昭仪的"温柔乡"中。

《汉书·外戚传》是这样记载的："明年春，成帝崩。昏夜平善，乡晨，傅绔韤欲起，因失衣，不能言，昼漏上十刻而崩。"太后王政君命掖庭令与御史、丞相、廷尉一起调查皇帝起居发病情况。赵合德不愿受辱而自杀。死前，她对人说："吾持人主如婴儿，宠倾天下，安能敛手掖庭，争帏帐之事！"

绥和二年四月，太子定陶王刘欣即位，是为汉哀帝。王政君升格为太皇太后，赵飞燕升格为皇太后；经过一番争论，刘欣的祖母傅太后，称为皇太太后，刘欣的母亲丁姬，称为帝太后，这是中国历史上罕见的一朝四太后奇观。此时，傅太后掌权，王氏被排挤（王莽被清出朝廷）。有大臣上奏，要求追究汉成帝暴崩一案，但因赵飞燕在选太子上有恩于刘欣，故刘欣对此事也不了了之。"哀帝为太子亦颇得赵太后力，遂不竟其事。傅太后恩赵太后，赵太后亦归心，故成帝母及王氏皆怨之。"（见《汉书·外戚传》）

刘欣二十岁即位，如果他能长寿，多做几年皇帝，赵飞燕也许还能落个善终。但世事难料，这个贪恋男色，留下著名"断袖"典故的皇帝，

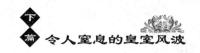

于元寿二年（公元前 1 年）六月病死，连头带尾只做了七年皇帝。"帝崩于未央宫。哀帝崩，无子，而傅太后、丁太后皆先薨，太皇太后（王政君）即日驾之未央宫，以取玺绶。"（见《汉书·哀帝纪》）

哀帝无子，中山小王刘箕子即位，是为汉平帝。"平帝即位，年九岁，成帝母太皇太后称制，而莽秉政。"王莽重新掌权后的第一件事，即清算旧帐。首先，他清算了傅太后，就是掘坟重葬。其次，以"残灭继嗣"之名，贬皇太后赵飞燕为孝成皇后，徙居北宫。一个月后，又以不能每日向太皇太后请安，有失妇道为名，"废皇后为庶人"。并让赵飞燕去刘骜的陵园守陵。赵飞燕即日饮毒酒自尽。赵飞燕十六岁进宫，十九岁立为皇后，由皇后而太后共计十六年，死时约三十四岁。一代沉鱼落雁、倾国倾城的绝色佳人，就这样香消玉殒了。

赵飞燕不懂政治，很少插手国家政务，她以姿色受宠，当上皇后，却并未兴风作浪，危害社会。就是这样一位多才多艺又美貌绝伦的皇后，终因私生活的不检点，才给后人留下了无数多的微词、诟病和"祸水"的传说。

赵飞燕情夫之谜

　　赵氏姊妹，娇美俊俏，各领风骚。飞燕舞姿婀娜，具有迷人的风味，这是她获宠的手段之一。但人不能总是跳舞，于是，她就在生活中，有意识地把舞蹈动作还原为生活的步态，给人的感觉就是时时在舞蹈，这使她的身段和风韵更增加了一层魅力。赵合德迷倒皇上的绝活就是妆扮与做作。那种对火候的恰到好处的把握，连赵飞燕都逊一筹。

　　姐姐赵飞燕和汉成帝相遇后，深得皇帝宠爱，她又把自己的妹妹推荐给了皇帝，双双得幸；赵飞燕与赵合德联手，成功迫使班婕好退出争夺皇帝宠爱的斗争，赵飞燕被封为昭仪；姐妹联手使皇帝废掉许皇后，使赵飞燕登上皇后宝座，赵合德被封为昭仪，姐妹俩的待遇一样高，汉成帝曾经对赵合德说，要不是皇后只能有一个，我一定也封你当一个。

　　赵合德与赵飞燕姐妹俩之间也相互争宠。有一次，赵合德在房中洗澡，正巧皇帝经过，从门缝中看见了浴中美女，赵合德本就比赵飞燕生得丰腴，与姐姐相比别有一番风情。此时皇帝在偷窥的窃喜心理中看到娇艳欲滴的赵合德，更加的欢喜，对她更加宠爱。汉成帝特地给赵合德修宫殿，并关照用蓝田玉镶嵌了一个大浴缸，注入豆蔻之汤，更显水光

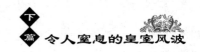
激滟，另外再用白玉、黄金、配以翠玉、明珠做成一张特大的合欢床，悬挂着粉红纱帐，帐顶装饰万年之蛤所产的夜明珠，发出璀灿的光辉，照耀得长夜如昼。

而不久后赵合德得知了皇帝的这个秘密，于是经常上演洗澡偷窥的戏码，让皇帝欲罢不能。赵飞燕听到了风声，也如法炮制地想要吸引她的皇帝丈夫。然则"西施捧心"愈显其楚楚可人的美态，"东施效颦"则丑态毕露，不堪入目。赵飞燕体态轻盈，适合翩翩起舞而有飘飘欲仙之感；而赵合德体胰饱满，最宜斜歌横陈，姐妹各有所长，赵飞燕入浴的场面使得汉成帝倒尽了胃口。

不知道从什么时候开始，汉成帝的情惑快速地从赵飞燕怀中撤出，转移到了赵合德的身上，并留下"温柔乡"和"祸水"的典故。长久以来，汉成帝不曾踏进东宫一步，赵飞燕正处在生理的旺盛期，皇帝来得少，赵飞燕自然空闺寂寞，不但枕席清冷，更不利于她诞育太子的大计。眼看着皇帝老公几乎被妹妹独占，她决定另辟蹊径。于是，数不清的男人便成了皇后宫中的常客。赵合德将刘骜霸在了少嫔馆，赵飞燕便在远条馆里大张艳帜，两姐妹隔墙共居，各搞一套。

刚开始的时候，赵飞燕还是以生育为首要目的，所选的情夫都是有良好生育记录的年青父亲。时间一长，就变成了色欲第一，光是健康强壮的精液已经不能让她满足，她还要求提供者有才有貌，是否有生育记录已不是要紧的事情。

赵飞燕身份最高的情夫应该算是成帝的侍郎庆安世。他可能是贵族出身，因此当上侍郎之时才十五岁，琴艺非凡，是一名具有艺术气质的

翩翩少年。赵飞燕当然没有放过他，以学琴为名召入宫中据为己有。

最著名的情夫则要数燕赤凤。燕赤凤只是个宫廷仆役，身份低微，但是他比文质彬彬的音乐家庆安世要身强体健，很快就得到了赵飞燕的欢心。赵合德得到了这个消息。她知道姐姐阅人无数，燕赤凤竟能从中脱颖而出，足以说明实力非凡，不禁也有分惠的意思，抽空也就时常召幸于他。

有肌肤之亲的男女，在这方面自然格外敏感。赵飞燕很快就发现了其中奥秘。这年十月五日，当燕赤凤又一次应赵合德之召前去效命时，早已妒火中烧的赵飞燕便赶往少嫔馆"捉奸"。谁知去迟了一步，到达之时，迎面已见燕赤凤离开。赵飞燕没抓到现场，只得装做节日赴会的模样，进殿和妹妹相见。

这天正是汉宫"上灵安庙"的日子，宫人们都要举行祭祀，吹埙击鼓，牵手踏歌。当《赤凤来》之曲吹响后，赵飞燕终于忍耐不住，向着没事人一样的妹妹发问："赤凤为谁而来？"赵合德不卑不亢地回话："赤凤只会为姐姐你来，难道还会为别人吗？"赵飞燕一听妹妹还不认账，气得抓起桌上的酒杯就向赵合德砸了过去："老鼠还想咬人吗？"赵合德虽然没有把自己面前的杯盘拿来还击，但是话却狠了起来："老鼠只要把衣服咬穿，透出里头见不得人的私密，就已足够，犯得着自己花力气咬人吗？"

话说到这个地步，赵飞燕不敢再接口，赵合德也没法继续，姐妹俩恨恨地盯着对方，半晌没有做声。樊嫕，就是当年那个举荐赵合德入宫的女官正好在场，她被吓坏了，连忙拔下发簪磕头，直磕得头顶出血，

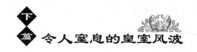

求两人消气，又拉着赵合德让她向姐姐道歉。

赵合德话刚出口，就已经知道过于冲动，万一再往下说，话赶话地把事情在气头上当众说透了，姐妹俩都将死无葬身之地。她立即一百八十度大转弯，流着眼泪向赵飞燕陪罪说："姐姐你难道忘了当年的旧事吗？那时我们穷得只有一条棉被，冬夜苦寒，冷得无法入睡，你总是让我抱着你的后背取暖。如今时来运转，能够富贵，却又没有得力的家族支援，只有彼此照应。我们可万万不能自相残杀呀！"赵飞燕听了妹妹的诉说，也感动得眼泪直流，将自己头上的紫玉九雏钗取下，簪在赵合德的发髻上。四目相投，尽在不言中。从此"姐妹如手足，男人如衣裳"矣！

这场为了燕赤凤而起的公开争吵，虽然被及时切断，但是皇后与昭仪之间竟起了争执，很快就成了后宫中的头号新闻并传到了成帝刘骜那里。刘骜不愿去招惹赵飞燕，便向赵合德打听原因。赵合德早已成竹在胸，回答道："这是姐姐在忌妒我。我朝上承火德，称赤帝子，所以我们私下里都称皇上你为'赤龙凤'。"——在赵合德巧夺天工的包装之下，这一场为奸夫而起的内讧硬是变成了为法定丈夫而起的争宠。千穿万穿，马屁不穿，刘骜立即龙颜大悦，不但没有丝毫疑心，倒更觉得自己对姐妹俩的宠爱有理有据。

从这场赤凤事件能看得出来，赵飞燕的心机没有妹妹深沉，而她那样大张艳帜的干法，迟早会走漏风声。赵合德既与姐姐在共用男人方面达成了谅解，自然也就不遗余力地帮助赵飞燕掩饰，提前给成帝打预防针："我姐姐性格刚强耿直，容易得罪人，难免会有人想要陷害她。皇

上若是上了这些人的当，我赵氏就要家破人亡了。"一面说，她还一面涕泪交流，哭得上气不接下气。

刘骜对美人这样柔弱可怜的进言当然牢记在心。从此后，凡是有人向他报告赵飞燕的浪荡行径，他都认定是别有用心的诬蔑，将这些忠于职守的官员或后宫妃嫔统统一刀两段。

这样一面倒的处理方法，效果显而易见：赵飞燕的远条馆内天天帅哥盈门，赵飞燕为能更好地尽地主之谊，还为接待这些男人建了一间别室，宣布是自己求子祈天的场所，包括刘骜在内的人都不能进去，专心躲在里面寻欢作乐。

赵飞燕的后宫心计

中国古代的后妃制是以帝王为中心，由帝王的正妻（后）和众姬妾（妃）组成的一套职责分明、等级森严的一夫多妻制度，恩格斯曾把这种多妻制称为"历史的奢侈品"。要想了解它的奢侈，下面的几个数字足以说明问题。在周代，君王可以合法地拥有 121 个妻妾。秦朝时，后宫姬妾已超过一千人。汉代后宫人数多达两万。著名的隋炀帝除拥有 3 个夫人、9 个嫔妃、27 个世妇、81 个御妻之外，还开民间选美之风，广选天

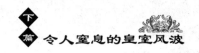

下美女，后宫人数难以胜数。唐玄宗时，两都宫女多达400人。这些数字别说对于保守的中国人，就是让以开放著称的法国人看了也会瞠目结舌。后妃制为帝王提供了任意而为的方便，而对众多的女人来说，一入后宫自己无形中就被引入了竞争机制。争什么？这一点不言自明，争皇帝，争皇帝的宠幸。怎么争？那就各有各的资本，也各有各的办法了。因为争到皇帝的宠幸就拥有了一切，就可为所欲为，生命也就有了意义。否则，只能眼见"红颜暗老白发新"，只能"一生遂向空房宿"，那样活着还有什么意思？

这里有这样一个可以说明色相和心术兼具，既曾蒙幸、又得固宠的例子，这就是南朝陈后主陈叔宝的贵妃张丽华。张丽华是个相当美丽的女人，就先天资本而言，她是得天独厚的。而且她还风流而善解人意。在陈叔宝即帝位之前，她就深受陈叔宝喜爱，并为陈叔宝及时地生下了儿子。按说这个条件已经相当不错了，但是有一点，张丽华入宫太晚了点，她前面已经有人把第一夫人的位置占据了。所以，尽管在陈叔宝坐上龙椅之后，张丽华可以尽情地享受专房之宠，也可以代陈叔宝批阅奏章、发号施令，但她毕竟名不正言不顺，她前面有一个压自己一头的沈皇后，而且沈皇后的儿子已被册封为太子。这种形势既有利又有不利，张丽华要变不利为有利，她不仅想取沈皇后地位而代之，而且还想把自己生的儿子立为太子。得到陈叔宝肉体和精神的愉悦，靠色相和妩媚也许并不是一个十分困难的问题，而要变贵妃为皇后，名正言顺地成为第一夫人，这就不是仅靠色相就能实现的了，于是张丽华开始动用她的心计。

当时后宫中和陈叔宝亲近的女人除沈皇后、张丽华之外，还有一个孔贵嫔，而孔贵嫔和沈皇后的关系非常不好，这一现实被张丽华敏锐的目光捕捉到了，她决定利用孔、沈之间的矛盾，以达到除掉沈皇后的目的。于是，张丽华便开始在各种场合拉拢孔贵嫔，从生活上关心，从精神上体贴，结果孔贵嫔很快就站到了张丽华一边。张丽华看到时机已经成熟，就先在陈叔宝面前告沈皇后的状，说沈皇后和太子近来来往频繁，他们正在密谋如何推翻皇帝，以便让太子早日登位。起初陈叔宝不信。张丽华就把预先设计好的孔贵嫔拉出来作证。因为张、孔二人早已订立了攻守同盟，所以孔贵嫔提供的证词和张丽华说的一模一样。陈叔宝听后龙颜大怒，立即降旨废掉沈皇后和太子陈胤，改立张丽华为皇后，立张丽华的儿子陈深为太子。从这个事件中首先可以看到，是张丽华自觉把色相和心术二者有机结合，最终占据了陈朝宫廷中女人最高位置的。它也同时证明，色相只能使后妃们蒙幸，而心术和心计才能使她们固宠得势这一深刻的后宫真理。

赵飞燕是汉成帝的皇后，是中国民间知名度最高、风流故事最多的女人。她原本是一个职业舞妓，凭着她妖艳的容貌和出众的舞蹈才能，被成帝召入后宫并封为婕妤。赵飞燕一入宫，靠她的美貌和舞姿一下子就把汉成帝紧紧拴在了自己身边。但赵飞燕明白，汉成帝好色成癖，占有新奇的美色和占有权力的欲望一样强烈。不管你如何国色天香，也总会有色衰香消的时候，所以婕妤的位置并不是她理想的终点，她要走向女人位置的顶端——皇后。只有到那时，自己才有可能制约和驾驭成帝，才可能从容地做自己想做的一切。

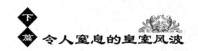

主意打定，赵飞燕先在汉成帝身上下功夫。人的容貌是一种天生的资本，一双水灵灵的大眼睛常露出缠绵和甜蜜，每当她如泣如诉、含笑含痴、调皮地抛向汉成帝时，汉成帝便不由自主地被吸引过去。拥有资本又善于利用资本生出利息的赵飞燕很快就迷住并征服了汉成帝。从此，赵飞燕赢得了专房之宠。在此基础上她又趁热打铁，在汉成帝和自己亲密的床榻上，力荐妹妹赵合德，成帝当然满口应承。这样，赵飞燕不单占领了汉成帝，还借助成帝，搬来了救兵。那么她下一步就要向后位发起进攻了。

许皇后是汉成帝的祖母许老太后的侄女，其父是车骑将军许嘉。鸿嘉三年，赵飞燕为推倒许后，精心炮制出"许谒诅咒案"。她上书成帝，告发许皇后的姐姐许谒行巫术诅咒后宫已怀身孕的王美人和大司马大将军王凤。所谓巫蛊之术在今天看来，不过是些荒诞不稽的法术，但在汉代它往往成为人们敬之若神的禁忌。自打汉武帝晚年相信巫蛊，导致皇家内部自相残杀，汉宫元气大伤以后，昭、宣、元、成诸帝都对巫蛊恨之入骨，所以当成帝听到许谒又搞这个鬼名堂时，他的火气简直不打一处来。这其中一个最主要的原因是，成帝即位多年无子，好不容易王美人怀了身孕，这个腹中婴儿直接关系到皇统的延续。另外，王凤是王太后的弟弟，身居台辅的王凤的成败关系到王氏一门的荣辱兴衰，诅咒王凤怎么不让王太后气绝！所以，皇太后和成帝同时发怒，责令严惩许谒。许谒无缘无故掉了脑袋不算，许皇后也莫名其妙地被牵进此案，结果皇后被废并幽禁于昭台宫，不久又被赐自裁。

赵飞燕推倒许皇后之后，又长驱直入，先后用诬陷法逼走了班婕妤，

用心理战逼疯了王美人。她在神不知鬼不觉中严密运筹、巧施心计，一箭三雕，终于如愿以偿，入主后宫。

回过头来看，应该说许皇后克己修行，养名显行；班婕妤贤淑知礼，多才多艺；王美人少言寡语，与世无争。这三个人都堪称有德行者，但绝不是有心计者。无心术而位不固，这又是三个活例子。而赵飞燕在心术上却大胜三人一筹。比如，赵飞燕能够准确地发现并利用汉成帝的性格弱点，她知道成帝贪恋女色，骄奢专横，却又胆小怕事；爱慕虚荣，喜欢浪漫，却又优柔寡断。所以她对症下药，一方面在成帝面前表现得格外殷勤，格外温顺，出色地施展女人所特有的本事和魅力，每天都使成帝含笑而来，满意而归。另一方面，她又常常恃宠放刁，淫乱、嫉妒、残忍、恶毒的事情她无一不为，她甚至趁成帝高兴的时候把成帝当作玩偶。也就是说赵飞燕不断吊高汉成帝的胃口，又从不完全满足汉成帝日益增大的需求。用出尔反尔、撒娇耍赖、又痴又癫显示她感情的激烈，从而增加自身扑朔迷离的诱人魅力。这就是赵飞燕一生多行不义仍受汉成帝宠爱的地方。其实她的每一次感情放纵都不免掩盖着明确的政治动机。

在汉武帝的众多女人中，那个"一顾倾人城，再顾倾人国"的李夫人是相当了解男性心理学和帝王心理学的。当年李夫人以倾国倾城之貌曾深得汉武帝宠爱，后来她得了一场大病，并且一病不起。汉武帝因为十分喜欢她，所以专程到住所去看望她。汉武帝来到身边，李夫人以被蒙面，坚持不让汉武帝看上一眼，她对武帝说："妾病的时间很久了，面容已不像个样子，我不敢以现在的容貌见陛下。不过我有个请求，希望陛下答应我，就是我死了以后，请陛下好好关照一下我的两个哥哥和昌邑王（李夫人和汉武帝的儿子）。"汉武帝表示答应，但仍坚持要看她一眼，并以赏赐千金和加封李氏兄弟为条件。而李夫人拒不见面，并当即转过身去，面墙而泣。武帝没办法，只好快快离去。武帝走了以后，李夫人身边的姐妹责备李夫人不应该不让武帝看一眼。李夫人回答说；"我拒绝见面，正是为了更好地拜托他。我当初之所以受宠，是因为我容貌姣好。皇上至今念念不忘，还想见我一面，也是因为我当初长得好看。现在我病成这个样子，容貌已十分难看，要是让皇上看了，他肯定会感到厌恶。既然厌恶我，那还怎么有可能追思旧好而关照我的兄弟呢！"李夫人真是见识过人，一语道破天机。她深深懂得，在自己和汉武帝之间，色衰必然爱弛，爱弛必然恩绝。所以她坚持不以憔悴的病容面对汉武帝，给汉武帝留下那永远使他不能忘怀的明艳动人的形象，只有这样，她的嘱托才有可能付诸实现。果然，汉武帝没有忘记李夫人，不仅在她死后封给她一个皇后尊号，而且也真诚地关照了李夫人的哥哥李延年和李广利。因此，我们说李夫人在看待后妃的色相和心计之间的关系方面，具有常人所不具有的卓识，拒不相见的托孤方式留给人们咀嚼不完的思考。因为，李夫人以自己的切身实践验证并总结出了值得后宫女人永远学习、永远实践的色相的心计与辩证法。

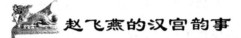

古今来不少美人，问他瘦燕肥环，几个红颜成薄幸？

天地间尽多韵事，对此名笺旨酒，半江明月放酣歌。

"瘦燕肥环"，瘦燕就指赵飞燕。赵飞燕和她的孪生妹妹赵合德生在江南水乡姑苏。赵飞燕原名宜主，只因窈窕秀美，凭栏临风，有翩然欲飞之概，邻里多以"飞燕"誉之。久而久之，人们渐渐忘记了她的本名，而把她叫做赵飞燕。她妹妹赵合德风姿迥异，生得体态丰腴，玉肌滑肤，美艳妩媚与赵飞燕不相上下。

赵飞燕初次与汉成帝燕好时，为了掩饰她曾经与富平侯张放有过肌肤之亲，故意选择月事来潮的当儿，装出一副不解"人事"，又弱不胜情的模样。以致使汉成帝大感新鲜，发狂似地在凝脂般的香肩上狠咬几口，齿痕竟至经月不褪。更妙的是赵飞燕的体血沾污了御袍，她要为他浣洗，成帝怔怔地望着那些血迹，说是要留作永久的纪念，可怜也可笑的汉成帝竟然把"此血"当成了"彼血"，可见赵飞燕伪装的手段是如何高明。

赵飞燕册封为皇后以后，移居建筑豪华的东宫，汉成帝特地赐给她一把古琴。每当月白风清之夜，赵飞燕抚琴而歌，宫苑一片宁谧，只有

皇后的琴韵歌声回荡在花丛林梢。汉成帝每每为之尘虑顿消。心想：两人倘若置身水上舟中，自当别有一番风味。即想即说即做，立刻命人在太液池中筑起瀛洲台，作千人舟。

"情感"之为物十分奇特，来无影去无踪，看不见也摸不着，但却能强烈地感受到它的存在。当它以排山倒海之势来临时，直逼得人喘不过气来；但是当它悄悄地溜走时，又会使人百无聊赖到了极点。

不知道从什么时候开始，汉成帝的情感快速地从赵飞燕怀中撤出，转移到了赵合德的身上。从此宫槐秋落，孤雁哀鸣，青灯映壁，衾寒枕冷，赵飞燕冷冷清清地饱尝孤独的寂寞和苦涩的滋味。

她不甘心芳华虚度，更不愿就此结束她绚烂的生活方式，于是开始诱使心腹太监，把一些年青力壮的美男子，暗地里引进宫来。初时还躲躲闪闪，一方面为了享受青春，另方面也期望借以生育一男半女，日后承继皇家香烟，好永保富贵尊荣。

一个人做了坏事，就像是隐入泥淖一般，愈陷愈深而不能自拔。日子久了，原先的罪恶感反而逐渐冲淡，而愈益变本加厉，终于肆无忌惮。

长久以来，汉成帝不曾踏进东宫一步，赵飞燕竟明目张胆地与其所欢饮酒作乐，甚至白昼宣淫。赵合德曾经声泪俱下地劝告姐姐，无奈赵飞燕已经走火入魔，哪里听得进去，仍然日复一日地胡闹下去。

"要想人不知，除非己莫为"。"纸是包不住火的，再厚的墙也会透风"。俗谚说得一点不错，终于有一天闹出乱子来了。那天，汉成帝前往中宫王太后处请安，并陪侍母后午膳，饭后有些疲累，就近想到东宫歇息片刻。午后人寂，宫女们正在廊下打盹。皇帝驾临，赵飞燕仓皇出迎，

但见云鬟偏坠，发丝散乱，衣衫不整，满脸春情。汉成帝以为她是午睡方浓而被惊醒，并未十分在意，突然寝宫内有一声郁闷的男子咳嗽声传出，刹那间便明白了一切，拂袖而起，一声不响地愤然离去。

虽然朝廷大权都在舅舅手中，然而处理后妃间的事情，汉成帝仍然具有无上的权威。此刻绿云压顶，士可忍孰不可忍，何况贵为天子，竟不能禁制自己的妻子红杏出墙，还有什么面目治理万民。于是一言不发，满脸严霜来到昭阳宫。聪明伶俐、心细如发的赵合德，立刻明白是怎么一回事了，急忙跪在地下自责道："臣妾孤寒，无强近之爱，一旦得备后庭驱使之列，不意独承幸御，立于众人之上，恃宠邀爱，众谤来集，加以不识忌讳，冒触威怒，臣妾愿赐速死，以宽圣怀。"说罢泪流满面，叩头不已。

面对这个梨花带雨的美人儿，汉成帝心中的怒火已被她的汪汪泪水浇息了一半。然而仍然忿忿不平地说："不管你的事，只是你姐姐闹得太不成活，我一定要杀了她，方泄我心头之恨。"

一听到"杀"字出口，赵合德心中一惊，但是很快又冷静下来，故作镇静地缓缓譬解。首先说明她们姐妹的情感深厚，姐姐若死，妹妹义不独生。再说明自己得以忝列后宫，侍奉皇上，完全是靠姐姐的引荐，最后说到为了皇家的威严与声誉，岂可大事张扬？姐姐固然是罪有应得，如果累及皇上的圣德就太不划算了。汉成帝认为赵合德言之成理，于是答应对赵飞燕的事不再追究，但却派人夜搜东宫，捉住了几名美俊壮硕的男子，神不知鬼不觉地斩首了事。从此恨透了赵飞燕，不再踏进东宫一步。

糊涂的汉成帝以为就此可保无事，但是天下美俊壮硕的男子多得是，杀了一批，不久赵飞燕便又找来一批。甚至白昼掩窗行事，淫声浪语溢于户外，宫庭之中，尽人皆知；朝堂之上，也窃窃私议，只有汉成帝被蒙在鼓里。光禄大夫刘向看到赵皇后如此秽乱，实在忍无可忍，但又不便明白指出，只好费了许多功夫，引经据典，搜罗昔时贤后贞妇，兴国保家之事，写成了一册《列女传》。呈献汉成帝作为讽劝，力斥孽嬖为乱亡之征兆，以盼望朝廷有所警悟。汉成帝嗟叹至三，频频予以嘉勉，但就是不讲实质性的话，也终究未因此做出实际的行动，但是刘向的《列女传》却因而流传下来。

赵飞燕正处在生理的旺盛期，纵欲已到了疯狂与变态的程度。汉成帝已将她置诸脑后，然而赵合德却放心不下，整日胆颤心惊。为了挽救姐姐，她声泪俱下地进行了一次恳谈。她忆及幼时的家贫，三餐不继，如何与邻家少女一起做草鞋，如何把草鞋卖掉换回大米，如何路遇大风雨，如何无柴可烧，在饥寒交迫下，夜长不能寐，相拥而泣。谈到今天的富贵，是别人可望而不可及的，现在你竟自毁如此，倘若再犯了过错，皇帝再怒，事情就会不可挽救！那时身首异处，岂不贻笑天下。今天，妹妹还能救姐姐，但实在是没有把握，倘若妹妹死啦，姐姐还依靠谁呢？

一席话说得声情并茂，姐妹两人忍不住抱头痛哭。声音哑了，泪也干了，仍然要面对现实。大错已经铸成，如何才能挽回，赵飞燕说道："愧悔无及，奈何！奈何！皇上爱汝一身，惟望妹妹援我，就像过去我推荐妹妹一样。"

赵飞燕与赵合德姐妹二人，孪生同胞，自幼相依为命，及长投身富

平侯府，而后双双入宫受宠，彼此互相援助，与皇帝结成了一个情感的"铁三角"。贵盛无比的许皇后与才情富华的班婕妤，都相继被她们击倒，在情感的道路上真个是所向无敌，当者披靡。无奈赵飞燕胡作非为，已弄成不可收拾的局面，"自作孽，不可活"，这又能怪得了谁呢？

虽然如此，为了姐妹之情，更为了免死狐悲的孤单态势，赵合德明知覆水难收，但是她必须打起精神，凭恃自己的美貌与智慧，加上圣眷正隆这一最大的优势，一次又一次地想尽了各种可行的办法，以期弥补皇上与姐姐之间的裂缝。

出于男人天生的自尊和排他性，盛怒之下汉成帝产生过要杀了赵飞燕的想法。但比起那些飞扬跋扈的权臣与居心叵测的外戚，在汉成帝的内心里觉得赵飞燕的乖异心理是微不足道的。一段时间后，他慢慢地想起赵飞燕也曾是自己心爱过的女人，因此一丝怜悯的情意，油然在汉成帝心中升起。恰好遇到赵飞燕二十四岁生日，东宫里有一个庆祝仪式，在赵合德的连哄带骗下，汉成帝终于暂时忘记前嫌，来到东宫。

酒过三巡，赵飞燕忽然悲从中来，汉成帝非常讶异，问道："又有什么委屈吗？"意思是说我已经不究既往，还有什么好怨怒的呢？

赵飞燕装模作样地跪下来，痛心疾首地道："妾过去在许皇后身边的时候，陛下驾临，妾站在皇后身后，陛下总是频频地注视我。皇后知道陛下的意思，叫妾特地来侍奉皇上。想不到竟承更衣之幸，体血还污了御服，妾欲为陛下洗去，陛下不肯，说要留作纪念。不数日，就被封为婕妤，又被封为皇后，当时陛下的齿痕还在妾的颈项之间，今日思之，不觉感泣。"

这一段说词，是事前设计好的，无非是想以旧日的感情，来打动皇帝的心，收到重拾旧欢的效果。果然，汉成帝念及旧日恩爱之情，不禁为之恻然，大有不胜今昔之感！赵合德眼看苦心设计的温柔陷防，已经牢牢地套住皇帝，于是借故先行离去，这一夕汉成帝与赵飞燕开怀畅饮，直至夜阑人静，双双携手进入内寝。虽然赵飞燕使出浑身解数，竭力迎合与讨好，无奈情感已有裂痕，汉成帝终感不是滋味。

这事的结果出乎意料，令赵合德大吃一惊。赵飞燕看透了皇帝的心思，心想：这也许是最后一次获得宠幸了。于是瞒着妹妹，私自作主，在一个月后竟假装怀孕，并上表成帝，希望以此来大大改变目前对自己不利的态势。

汉成帝自从十九岁嗣位以来，时光荏苒，悠忽间已经年逾不惑，还无子嗣。如今听说皇后有了身孕，着实大为兴奋，喜孜孜地批了一道圣旨，对赵飞燕表达了无限爱怜之意，叫她好好保重。

一项骗局在宫中进行，被收买的太医在宫中进进出出，煞有其事。后本打算在民间找一个婴儿进行偷天换日的勾当，可宫禁森严，谈何容易。眼看十月临盆之期已到，东宫上下急得像热锅上的蚂蚁，实在无法再搪塞下去，才不得不由太医上奏，说是"圣嗣不育，一生下来便夭折了。"

汉成帝日夕盼望的喜讯成了泡影，失望之余也懒得再去东宫，他受到的打击太多了。赵合德最终明白了是怎么一回事，对姐姐的这一行为十分忿怒，十分惊惧。因为不知什么原因，赵氏姐妹虽一直蒙皇上宠幸，就是没有怀孕，因此就十分担心别的宫妃怀孕夺宠。所以只要后宫中有

人怀孕，就千方百计毒害，以至长安市上都出现了童谣：

"燕燕，尾涎涎，张公子，时相见；木门玱琅根，燕飞来，啄皇孙，皇孙死，燕啄矢。"

这事使成帝断绝了皇嗣。这事一旦拆穿，必定死后无葬身之地。赵飞燕的骗局就极有可能使这事拆穿。赵合德狠狠地骂姐姐，使得赵飞燕懔然而惊，懊悔交加，从此收敛形迹，进行一种自我流放式的幽居生活，不再招蜂引蝶，也不再念恋荣华富贵了。

赵飞燕自动地撤出情感的铁三角，形成了汉成帝与赵合德一对一的局面，昭阳宫中相爱相怜，过着今朝有酒今朝醉的生活。

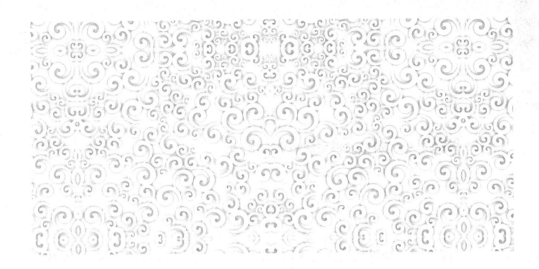

附　录

汉朝夜郎古国的迷失

夜郎古国，是汉代西南夷中较大的一个部族，或称南夷。原居地为今贵州西部、北部、云南东北及四川南部部分地区。司马迁在《史记·西南夷列传》冲称："西南夷君长以什数，夜郎最大。"大约战国时代，夜郎已是雄踞西南的一个少数民族君长国。

汉武帝时，唐蒙奉命于公元前135年出使南越国，了解到夜郎位于巴蜀通往南越的要道上，有便捷的水路可通抵南越的都邑，便向朝廷建议开发西南夷，依靠巴蜀的富裕、夜郎的水路和精兵，有效控制南越的分裂变乱。汉武帝采纳了他的建议，在夜郎地区设置郡县，将夜郎划入版图。公元前111年，夜郎派兵协同征伐南越反叛，遣使入朝，汉王朝授予夜郎王金印。汉对西南夷的开发从此开始。

元光六年（公元前129年），汉在西南夷地区设置驿站，以便交通；同年，司马相如等又奉使宣抚。元鼎五年（公元前112年），武帝征南越，因夜郎等不听调遣，乃于翌年发兵平定西南夷之大半，在其地设样舸郡（治今贵州关岭境）与夜郎等十余县，同时暂存夜郎国号，以王爵授夜郎王，诸部族豪酋亦受册封。

夜郎国灭于西汉末期，汉成帝河平年间（公元前28-25年），夜郎与南方小国发生争斗，不服从朝廷调解。汉廷新上任的牂牁郡守陈立深入夜郎腹地，果断地斩杀了名叫兴的夜郎末代国王，并机智地平定了其臣属及附属部落的叛乱。从此之后，夜郎不再见于史籍。夜郎国存在了300多年，其文明发展在西南地区具有较大影响。汉开发西南夷后，在巩固国家统一的大战略中，它发挥了积极的作用。

夜郎国人文历史悠久，秦汉时期属夜郎国治地，唐宋曾两次置夜郎县。这里是中国稻作、鼓楼、巫傩文化保存最完整的地区，千百年前延续至今的"竹崇拜"、"牛图腾"与斗牛、斗狗等独特民族风情，构成了内涵丰富、扑朔迷离的夜郎文化。作为一个古老文明的国度，作为中华民族灿烂文化的组成部分，夜郎国的人文价值开始逐渐被世人看重。

"夜郎自大"一词用来比喻骄傲无知的肤浅自负或自大行为。它来源于司马迁的《史记》，但这成语其实是一段误读的历史。

汉武帝开发西南夷后，为寻找通往身毒（今印度）的通道，于公元前122年派遣使者到达今云南的滇国，再无法西进。逗留期间，滇王问汉使："汉孰与我大？"后来汉使返长安时经过夜郎，夜郎国君也提出了同样的问题。这段很平常的故事后来便演变成家喻户晓的成语。

"夜郎自大"这个成语到清代已广为流行。清朝著名文学家蒲松龄在《聊斋志异·绛妃》中写道："驾炮车之狂云，遂以夜郎自大。恃贪狼之逆气，漫以河伯为尊。"成书于光绪后期的晚清小说代表作《孽海花》第二十四回写道："饿虎思斗，夜郎自大，我国若不大张挞伐，一奋神威，靠着各国的空文劝阻，他哪里肯甘心就范呢！"

其实夜郎国君并非妄自尊大向汉王朝叫板。夜郎是僻处大山的方国，即便现在交通也多受限制，两千多年前更是山隔水阻，偶有山外客来，急于打听山外世界，实为人之常情。不过，也多亏了"夜郎自大"这个贬义性的成语，使夜郎国这个原本不为人知的小国留在了史册上，留在了人们的印象中。

说夜郎"自大"，这显然是从汉文化视角看夜郎时造成的一个历史的误会。以原典论，不过是因为古代交通不便，西南夷与中原王朝远隔千山万水，处于封闭状态中的夜郎王，渴望了解外面的世界，因此才有此疑问："谁大？"司马迁在《史记》里说："西南夷君长以什数，夜郎最大。"

夜郎国作为西南夷"最大"的国家，也许还有一点儿同汉朝"比大"的意思。不过，若是从夜郎民族的立场上看，那就不叫"自大"，而是自尊、自信，有一种强烈的民族自豪感。

这是夷汉交叉的视角审视的结果。夜郎人的民族自豪感由来已久，这一点在彝族文献里随处可见。《夜郎史传》写夜郎王武益纳的武功："武夜郎（即武益纳）君长，比先辈威武，比先辈刚强，他经常带兵，不断地征战。一下去东征，一下去南战，全都打胜仗，屡屡建奇功。"在征伐东、西濮时，他挥师进军，竟口出狂言："我夜郎大军，谁敢来阻挡？"

就连夜郎国的开国之君夜郎朵，也同汉家天子一般，自命为"代高天掌权，为大地守境"的"天地子"，而一代明君多同弥（即多同），不但自称"天之子"，更有开辟"新天"的胆识，甚至敢于宣称："唯我独尊君，唯我享盛名"。

夜郎自大，留给夜郎民族的记忆也是刻骨铭心而又真切动人的。夜郎土著濮人后裔即仡佬族的"丧葬歌"里，巫师唱道："……大田大地我们的，大山大岭我们的，东南西北我们的。大场大坝随便走，大冲大凹随便行，天宽地宽由你走，四面八方任你行……"而在关于夜郎国的民间传说里，甚至还有这样的讲述：骑手骑着骏马跑了一百天，骏马累死了，也还未跑到夜郎国的尽头。

这里当然免不了夸张，但是在这夸张手法的背后，我们看到的不正是夜郎人疆域辽阔、国力强盛的心理基础，不正是夜郎国"最大"所留给夜郎民族的集体记忆吗?可见，夜郎并非"自大"，而是真大。时至今日，夜郎古国还存在很多谜团。这个在历史上存在了300多年的夜郎古国到哪里去了呢?是谁建的夜郎国?都城在哪里?它又是哪个民族的?夜郎国所处的社会阶段是什么样的?

作为一个国家，不论它是大是小，不论它存在过多久，都应该有一个自己的统治范围，存在政治、经济和文化的中心。要确定其疆域，首先要确定其都城——也就是政治中心的所在。现在，贵州、云南、广西和湖南的一些地方都认为自己那里是夜郎国的都城，有人说在贵州长顺县广顺镇，有人说在湖南沅陵，有人说在贵州毕节赫章可乐，这些说法都能引经据典，并非子虚乌有。那么，到底哪一个才是真正的夜郎国都呢?

夜郎国的具体位置，史籍记载都很简略，只说："临群舸江"，其西是滇国。群舸江是汉代以前的水名，今人根据其向西南通抵南越国都邑番禺（今广州）的记载，考证为贵州的北盘江和南盘江。多数人认为，

夜郎国的地域，主要在今贵州的西部，可能还包括云南东北、四川南部及广西西北部的一些地区。一时间，湖南、云南、贵州、四川等地都在争抢"夜郎"的归属权。为了寻找夜郎古国，考古人的足迹遍及湖南、四川、贵州和云南。由于在史书中找不到更多的线索，他们希望通过考古发掘让夜郎古国重新复活。经过近半个世纪的研究，满腔热情的考古学家们难以面对尴尬的现实：夜郎古国神秘的面纱刚刚揭开一角，探寻之路却已山重水复。对夜郎古国苦苦追寻的人们虽然已经找到了夜郎国确实存在的证据，但遗憾的是，至今仍没有人能见到夜郎的"庐山真面目"。夜郎古国是属于哪个民族的?或者哪个是夜郎国人口最多的民族?众说纷纭，主彝、苗、仡佬、布依等族先民者均有之。传世贵州古彝文经典《彝族世系》有"彝族天生子，多同来抚育"，"多同权威高，多同天宫主"，"祖宗变山竹，山竹即祖宗"等记载。传说多同亦称金竹公，可见彝族视多同为祖先。又据今在威宁县出土的汉代陶器上有刻划符号四十多个，其中二十八个一般认为是古彝文，果然如此，则汉代贵州西部已住有彝族先民，并具较高文化，夜郎国或即为彝族所建。夜郎及其附近诸部落自战国时代以来便与秦、楚、南越诸地有贸易关系，至西汉成为汉郡县后，日益受到汉文化影响，中原的钢铁制品、手工业品、生产工具与灌溉技术等都很快输入夜郎地区，近年考古工作者在这一带挖掘的很多汉墓中的遗存足以证明。但这些遗存同时证明一部分土著习俗文物也遗留了下来。

为证明本民族是夜郎古国的先民，这四个民族都成立了民族学会，但还没有任何一个民族能找到一锤定音的证据。夜郎古国所处的社会阶段是什么样的?夜郎古国是原始社会末期阶段，还是奴隶社会早期阶段，或是奴隶社会与封建社会的过渡阶段，又或是封建社会早期阶段?如果能知道夜郎古国所处的社会阶段，对确定夜郎古国的历史地位、追寻夜郎古国的起源无疑具有重要意义。

在考古发掘未提供出可靠证据前，这样的争论必然还将继续下去。

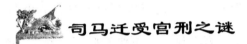

司马迁受宫刑之谜

司马迁是我国历史上伟大的史学家和文学家，生长在西汉武帝时代，曾任太史令，因为李陵投降匈奴之事辩护而触犯武帝，遭受宫刑。关于这一历史，始终让后人百思不得其解，汉武帝为何会对司马迁用这种酷刑?李陵案究竟又是怎样的真相?汉朝李陵是飞将军李广的孙子，英勇智绝，有勇有谋，而且爱惜士兵。可惜，一生抱负一世武功，却生不逢时、命运多蹇。

公元前102年，汉武帝派将军李广利出战匈奴，召骑都尉李陵为李广利军押运辎重。但志向远大的李陵却不愿意，他向汉武帝叩头请命，要自带一队人马去钳制匈奴。汉武帝见李陵自告奋勇，很赞赏他的豪壮之气，为之所动，就答应了，另外派了路博德率部在半道做李陵的后援。

　　李陵以五千步兵孤军深入，出关以后在大漠行军一个月，扎营浚稽山，和匈奴单于相遇对峙。匈奴派出约三万骑兵围住李陵，见李陵所部人少，立刻发起冲锋，但李陵布阵有方、丝毫不乱，前队是长戟盾牌，后队是弓箭、强弩。先是和匈奴近战相搏，然后千弩俱发，把匈奴打退，还追杀数千人。

　　匈奴单于大惊，再召八万铁骑合众围攻。敌人十倍于己，且是骑兵，李陵的队伍抵不住，一边打一边南撤。一路血战，在山谷、树林、山下等各种地形都曾激战，击杀敌军数千人。匈奴倚仗人多，有时一天要打几十仗，总是死伤众多。单于眼见大军连这点人都打不过，心里胆怯，疑心李陵有大军埋伏，准备撤军。就在这时，军候管敢因为遭受了校尉的侮辱，愤恨投敌，把李陵没有后援、粮食且尽以及李陵的部队旗帜等情报都告知单于，匈奴于是全军压上，李陵力战难脱，南逃时，成安侯韩延年又战死，李陵自觉无颜见汉武帝，遂束手就擒。此时，距离边塞不过百里之地，所属五千，亡归四百。

　　汉武帝本欲李陵死战，得知李陵投敌，勃然大怒，问太史令司马迁应该如何处置。司马迁是李陵的朋友，知道李陵为人，说李陵转战千里，虽败犹荣，"彼之不死，宜欲得当以报汉也"，结果被盛怒之下的汉武帝处以宫刑。

　　后来，汉武帝也知李陵孤军无援，力有不逮，派公孙敖将四万步骑深入敌后营救。公孙敖无功而返，却说俘虏称李陵正在教匈奴练兵。汉武帝族诛李陵家室，事后才知那人不是李陵，而是降将李绪。李陵得知后人怒，派刺客将李绪杀死，以泄心头之恨。李陵自知惭愧，本想亡归汉室再行效力，但公孙敖怕汉武帝责怪，敷衍搪塞，以致汉武帝盛钮晓下，族诛李陵全家，使李陵后路被隔。李陵受命劝降苏武时，见苏武不降，甚是敬佩，说自己有负汉室，罪责通天。后来苏武回归，李陵告别，说自己本想戴罪立功，保全老母，可惜全家被杀，为世人所恨，自己也无法再回去了。

这些虽是旧事，只是把自己的苦衷讲给苏武听听。后汉武帝死，辅政大臣霍光派李陵的旧时好友去招李陵。李陵说："归易耳，丈夫不能再辱！"最后终死匈奴。

阴差阳错，这桩千古奇冤"李陵案"，让司马迁触怒龙颜，为自己招来羞辱之祸、牢狱之灾，不禁让人欷歔不已。

司马迁本来很受汉武帝信任，却不料遭宫刑惨祸。肉体上的摧残和精神上的羞辱使司马迁蒙受了奇耻大辱。宫刑，也叫腐刑，是古代一种破坏生殖的残酷肉刑。郑玄给《周礼·秋官·司刑》作注说："丈夫则割其势，女子闭于宫中。"关于宫刑的记载最早见于《尚书·吕刑》。《尚书正义》说："妇人幽闭，闭于宫，使不得出也……隋开皇之初始除男子宫刑，妇人犹闭于宫。"宫刑集对肉体的摧残与精神的侮辱于一身，对被施与者的伤害是巨大的。

令我们不解的是，为什么司马迁会因几句公道话而遭此惨祸呢？

平心而论，司马迁的分析是很客观的。汉武帝起初也接受了司马迁的看法，并派公孙敖率兵深入匈奴境内迎接李陵归汉。但事实上公孙敖并未深入匈奴境内，只是在边境候望一年多，没等到李陵归来，便谎报李陵正在训练匈奴兵以防汉军北伐。汉武帝得知此情非常气愤，便灭了

李氏一门，同时为李陵申辩的司马迁也以"诬罔"罪被逮捕入狱。按汉律，"诬罔"是一种死罪，若想免去一死，可以纳钱五十万，或者接受宫刑。司马迁无钱赎死，便接受了宫刑。在司马迁看来："太上不辱先，其次不辱身，其次不辱理色，其次不辱辞令，其次绌体受辱，其次易服受辱，其次关木索被垂楚受辱，其次剔毛发婴金铁受辱，其次毁肌肤断肢体受辱，最下腐刑极矣。"

这十大耻辱中腐刑（即宫刑）为奇耻大辱，生不如死。但是为了完成父亲司马谈未竟的事业，司马迁勇敢地选择了宫刑。在司马迁受刑后的很长一段时间里，精神一直处于极度恍惚之中，"肠一日而九回，居则忽忽若有所亡，出则不知所往……汗未偿不发背沾衣也"。司马迁在《报任安书》中列举了数位身处逆境而发愤成就事业的先贤圣哲之后，也说服自己成就了撰写《史记》的泰山事业。

汉武帝既是一位雄才大略的君主，也是一位非常荒诞的暴君。《史记·酷吏列传》共写了十个酷吏，其中九个都是汉武帝时期的人，他们都是汉武帝的帮凶，可管窥汉武帝之暴。

汉武帝时代是一个大一统意识强烈的时代，也是一个渴望建功立业的时代。当时汉朝处于与匈奴斗争的关键时期，而讨伐匈奴的成败对西汉帝国的整个发展都将产生重大影响。

文景以来的西汉盛世赋予了汉武帝张扬自大的个性特征——敢作敢为又喜怒无常，"顺我者昌，逆我者亡"，这是其一。其二，西汉与匈奴关系是当时一个极为敏感的话题，李陵的投降使好大喜功的汉武帝大失脸面。其三，汉武帝时期"罢黜百家，独尊儒术"，儒家的"三纲五常"

理论已经建立起来，仁义礼智信是衡量士大夫大是大非的重要标准。儒家的仁义观要求士大夫"无求生以害仁，有杀身以成仁"（《论语·卫灵公》）。李陵投降，无论就国家利益来说还是儒家礼义来说，都是与之相悖的，所以汉武帝盛怒之下迁怒于他是必然的。

从当时的政治形势来看，汉武帝重用"酷吏"，正是打击豪强、消除动乱隐患、巩固大一统局面的积极表现，从总体上或主流上看，是值得肯定的。而司马迁却对这些积极措施带来的负面影响耿耿于怀，看不到由于时势变化而"攻守之势异矣"的客观事实，拿落后的、保守的政治眼光来评判进步的社会特征。这是他所以招致宫刑的主要原因，也是其悲剧性所在。

因此，从广阔的社会背景和历史环境中寻找司马迁受宫刑的原因，也就能够得出准确的结论了。

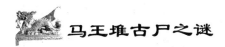

马王堆古尸之谜

长沙是一座古老的城市，相传在战国时期，这里就已是楚国的重要邑城，当时叫做青阳。秦始皇统一六国后，设长沙郡。汉高祖称帝后，封吴芮为长沙王，此后汉代贵族世居于此。在长沙有着许多关于古墓和

宝藏的传说。而1971年的一次偶然机会，一场惊心动魄的"火灾"却真的为我们带来了几千年前的神秘汉墓和数之不尽的奇珍异宝……

在长沙市的东郊有两座直径六十米、高十六米的土冢。土冢大小相仿，中间相连，形似马鞍。历来，人们沿袭着一个说法，说这里是五代时楚王马殷及其家属的墓地，因此把它称为"马王堆"。据当地地方志记载，马王堆是五代十国时期楚王马殷的家族墓地。

在1971年底，当地的驻军要在马王堆的两个小山坡建造地下医院。工人在施工的时候，发现地下全是红白点的花斑土，而且越往深处挖，土质越坚硬。随后，在花斑的红土层中，还挖出了一大块油光闪亮的白膏泥。这种白膏泥，用手一捏，又细又软，如同面团，而且越挖越宽。这白膏泥到底有多宽多深？

几个好奇的小伙子，急于要弄个水落石出，嫌镐头铁锹挖得慢，就找来了钢钎，一个劲地往下钻。这一下可钻出了一点儿名堂：从钻洞里冒出了一股难闻的怪气味。大家都跑过来凑热闹，看个稀奇。就在这时，不知是谁发了烟瘾，他刚划着了火柴，只听得"嘭"的一声，气孔着了火，喷吐出蓝色的火苗。这可吓坏了在场的人们，大家有的忙着救火，有的吓得往外跑，还是年纪大的有见识，他们说，这里面一定有宝贝，最好请考古工作者来研究研究。

这一研究果然研究出了大名堂。经过专家鉴定，此处极有可能是一座汉代古墓。钻洞中喷出的火焰是由于墓中大量有机物分解后产生的沼气而引发的。解放前，这种火坑墓在长沙就发现过数起。在古书中也多有记载，如王充的《论衡·死伪篇》中就提过："改葬定陶共王丁后，火从藏中出，烧杀吏士数百人。"

随后，有关部门迅速组织了科学的考古发掘。在发掘的过程中，考古人员居然在填土中发现了绿色的树叶和竹枝，这都是说明墓葬白膏泥密封良好，没有空气进入的力证。工作人员激动不已，或许墓葬能够呈现出惊人的保存程度，说不定墓主人的尸体还尚未腐烂。人们按捺着激动的心情，怀着无限的期许，继续进行发掘。

随着发掘的继续，一个硕大的方形墓穴渐渐显露出来。从墓口往下，墓穴的四周是一层又一层的土质台阶，每层台阶的高度和宽度都是一米左右，每下一层台阶，墓口四周就各收缩一米。整个墓穴呈漏斗状自上而下不断延伸。

很快，墓坑的夯土清理完毕，棺椁外层的白膏泥开始大面积地显露出来了。本想这白膏泥最厚不会超过半米，因为长沙附近发掘的几百座墓葬中，白膏泥最厚也不过是几厘米。然而令人吃惊的是，这个墓穴的白膏泥竟厚达1.3米。更令人难以想象的是，在白膏泥的下部，又露出了一片乌黑的木炭。木炭也像白膏泥一样，密不透风地包裹着一个尚不明真相但可能是棺椁的庞然大物，其厚度为40~50厘米。当一万多斤的白泥膏和木炭被取出后，发掘人员又发现了覆盖在墓室中那个庞然大物上的竹席。一张张竹席刚一出土，都呈嫩黄色，光亮如新，如同刚从编织厂运来的一样，令人惊叹不已。但正当考古人员紧张忙碌地照相、绘图、记录时，由于接触到空气，迅速氧化，未等将图绘完，嫩黄光亮的竹席已全部变成黑色的朽物。就这样，直到最后一层竹席被轻轻掀开的时候，一副庞大的棺椁终于呈现在眼前……

停放棺椁的整个墓坑是一个带斜坡墓道的长方形土坑竖穴。斜坑墓道在墓坑北边正中间，上宽 3.1 米，下宽 2 米。墓坑口南北长 19.5 米，东西宽 16.8 米，墓口到墓底深 16 米。从墓口向下有四层台阶，每层台阶向内收缩一米左右。台阶以下，是一个上大下小的斗形坑壁，一直到墓底。

墓葬的椁室构筑在墓坑底部。葬具之庞大，结构之复杂令人瞠目。整个葬具托在三根垫木上面。外椁的盖板和底板都是双层，从垫木底到外椁盖顶面的高度是 2.8 米，几乎有一层楼房那么高。盖板上面平铺着 26 层竹席。上层外椁盖由外框和盖板所组成。外框是用四根方木四角搭榫接合而成的，长 6.73 米，宽 4.9 米，厚 o.4 米。盖板是用五块木板横铺成的，嵌在方框内。

仔细观察，整个棺椁光亮如新、刻画各种纹饰和图画。棺木的四边，是四个巨大的边箱，边箱里塞满了数以千计的奇珍异宝，这些宝物在阳光照耀下熠熠生辉，耀眼夺目。墓室椁内的头箱实属罕见，而内中摆设就更是奇特，箱内两侧摆着古代贵族常用的色彩鲜艳的漆屏风、漆几、绣花枕头和两个在汉代称为漆奁的化妆盒。将这些小盒子逐一打开，里面皆为化妆用品，形同现代人类常见的唇膏、胭脂、扑粉等物。同时，考古人员发现，另一个外观基本相似的单层奁盒，里面除了 5 个小圆盒外，还放置一个小铜镜和镜擦子、镊、木梳、木篦等物，另外有一把环首小刀，这些无疑都是梳妆用具。因此，人们推测，墓主人应该是一位女性。

随后，椁内四个边箱的随葬品陆续被取出，但这只不过是第一层外

棺，里边尚有重重棺椁，等待揭秘。与第一层不同的是，面前的这层木棺，每一面都用漆涂画了极其美丽的黑地彩绘。紧接着，第三层木棺又露了出来。这是一副朱地彩棺，是先用鲜红的朱漆为地，然后以青绿、赤褐、藕荷、黄、白等较明快亮丽的颜色，彩绘出行云流水般的图画。挖掘至此，大家都吸了一口气。按照史料中的"天子之棺四重，诸公三重，诸侯两重，大夫一重，士不重"这一说法，已经开到第三层木棺的墓主，当是诸公一级的人物了！

然而，令众人大感惊奇的是，第三层木棺打开，里面竟还有一层木棺！想不到墓主人竟有如此显赫的地位。这实属和天子并驾齐驱的墓葬规格了。墓主人到底地位多高，身价几何，一时尚难断定。但从木棺的形状和外表的装饰看，这应是最后一层木棺了。在这层木棺的盖板和四壁板上，装饰着锦绒和羽毛贴花绢。锦绒上是棕色的花枝形几何图案，用它作为镶边。羽毛贴花绢上是菱形花纹，上面贴着金黄色和黑色等彩色的羽毛。这种用锦绒和羽毛贴花绢装饰的木棺，迄今还是第一次发现。

掀开棺盖，只见棺内装载着约有半棺的红色液体，不知这些液体是入葬时有意投放，还是后来地下水的渗透所致。在这神秘的棺液之中，停放着一堆外表被捆成长条的丝织品。从外表看去，丝织品被腐蚀的程度不大，墓主人的尸身就包裹在这一堆被捆成长条的物件之中。而揭开丝织品，一个50来岁的贵妇长眠于这团团锦簇之中。这具女尸身着丝绵袍和麻布单衣，足蹬青丝履，面盖酱色锦帕，并且用丝带将两臂和两脚系缚起来，然后包裹18层丝、麻衣衾，捆扎9道组带，又覆盖了两件丝绵袍。

尽管历经 2100 年，这具女尸外形完整，面色鲜活，发色如真，身体各部位和内脏器官的外形仍相当完整，并且结缔组织、肌肉组织和软骨等细微结构也保存较好，甚至腹内一些食物仍存。

这一发现，不得不让人震惊。这是世界上首次发现古代湿尸，也是世界防腐学上的奇迹。这不仅是世界考古史上的奇迹，而且也是人类历史上的奇迹。这个马王堆的墓主人叫辛追，为什么当时比辛追地位高的人没有保留下尸骨，而辛追却能历经 2100 年不腐?实在是让人百思不得其解。一般说来，只有在温度很低和无氧气的环境中，湿尸才可能不腐烂。但古墓中的温度虽然比较恒定，可也不可能很低的，到底是什么原因使得最容易腐烂的尸体能够保存如此完好呢?

在马王堆女尸出土的时候，棺内装载着约有半棺的红色液体。专家们预测这种液体应该是这具两千多年前的尸体保存完好的"神液"。

经过化验证实，这种红色棺液的成分较为复杂，之所以会呈现出红色，是因为里面掺加了朱砂。朱砂的化学成分对人体是有害的，其中含有砷和汞，可以肯定，这种红色液体具有杀菌作用，可以保证尸体不腐。

另外在棺液中还检测出了许多中药的成分，这些东西混在一起就成了深红色。而且整个墓室是建在地底 16 米以下的地方，由于墓室非常深而且墓室的周壁均用可塑性大、黏性强、密封性好的白膏泥筑成，封闭得很严，这样就阻隔住了空气，不透气加上不透水也不透光才使尸体奇迹股地保存了下来，而且马王堆汉墓一直没有被盗。地质条件加上人为因素，都为辛追的尸体奇迹股地保存下来创造了条件。

因为尸体的保存环境发生了变化，辛追的棺木中已经不再是红色的液体了，所以就可能会出现一些变质的可能性，为了能够更好地保护好尸体，专家们在辛追的尸体上注射了福尔马林为主的固定防腐液，但是女尸骨头中的钙还是已经出现流失。科研人员加强了对辛追的检测，包括对固定液的浓度、pH值、离子、氨基酸含量的检测，如果想要辛追的尸体再继续"存活"千年的话，这将是一份十分艰巨的任务。

在中国璀璨的历史长河中，汉朝就像一颗明珠一样照亮了历史的天空，它的成就和作用举足轻重，虽然它不是中国历史上第一个皇权专制王朝，但它却比第一个开创这种制度的秦朝贡献更加卓著。虽然秦朝是中国皇权专制社会的开篇之朝，但实际上，在皇权专制社会中建设得比较完善，对后世影响深远的各项制度，大多是在汉朝完成的。

在中国古代历史上，没有哪个朝代能像汉朝那样，至今还对我们的生活有着如此深刻的影响，它的成就在中国历史上是无法磨灭的。

刘邦究竟是谁？刘邦的真实品性其实不是流氓，而是游侠。对信陵君，这位将战国时期游侠之风推往巅峰的人物，刘邦毕生都怀有一种狂热的崇拜。秦末群雄崛起的时代，刘邦集团最终形成的并非后世通常所言的君臣关系，是在汉帝国内部形成一个军功利益集团。他们充当了刘邦的统治基础，刘邦被推举为皇帝，仅仅是借用了秦始皇所创制的"皇

帝"这个头衔而已，白马之盟，也就在汉帝国内部造成了一种以汉朝宫廷、汉朝政府和诸侯王国之间的"三权分立"。

作者用现代的语言、平民的观点去解读历史；没有了英雄史观的历史偏见，还原了一个真实的汉朝历史。作品既通俗易懂又风趣幽默，让人在轻松中阅读了汉史，学到了历史知识，也了解了一个真实的汉朝。

汉朝是一个对后世影响深远的朝代，从它的崛起，到后来的逐渐衰落，期间经历了中国历史上第一个太平盛世——"文景之治"，还成就了中国历史上最伟大的皇帝之一——汉武帝。虽然之后经历了绿林、赤眉等大起义，但在这之后又经历了"光武中兴"，在历史的轨迹上，他们留下了一波三折的印记。汉朝是一个人才辈出的朝代，不但培养出了英武的将军，而且还培养出了很多著名的文人墨客和政治谋臣。

巍巍四百年，金戈铁马在此驻足；茫茫人心在此怅惘；时代发展在此定格……无论生命的烈火，还是自然的造化，都因大汉王朝而轻轻叹惋。最真实的时代，最让人感慨的时代，最悲喜交加的时代，将大汉王朝装点得无比辉煌。

本书对汉朝的疑案全面解读，将中国历史上最强大的朝代——汉王朝最本能、最吸引人的一面展现在读者面前。内容与普通市场书迥异，即普通市场书要么单一地进行历史陈述，要么只作历史事件和人物上的评论，只让读者产生单一的历史认识。本书透过现象看本质，揭示了辉煌背景下的人性，发掘出了历史的另一面。